爸爸去哪儿
孩子就会去哪儿

求求你表扬我 亲子版

东子/著
DONGZI

北京联合出版公司
Beijing United Publishing Co.,Ltd.

目 录

第 6 篇　爸爸妈妈,您能赞赏我吗

第 1 篇

爸爸妈妈，您能关注我吗

请不要对我不管不顾

❀ 孩子来信

叔叔,您好! 虽然我们素昧平生,可是我还是想和您说说我的事情,我现在真的很想把它写出来,因为我很郁闷。

今天是我十三岁的生日, 只可惜没有人记得。虽然今天是晴天,可是我却觉得外面在下雨。前两天在电视上看到一个广告,心情不好的人不管是阴天还是晴天,脑袋上都顶着一朵乌云。现在的我就是这样。

表面上看来,我是一个令人羡慕的家境富裕的中学生。有丰富的业余生活,有充裕的零花钱,甚至考试考砸了也不会受到批评……可是没人明白,这其实并不是一件幸福的事情,至少我不这么觉得。这也许是因为我家的条件变得越来越好了吧。我还记得小的时候、爸爸妈妈都是普通职员时,一家人在一起的快乐时光。那时,爸妈总是早早下班,把我从学校接回家,问我学校里的事情,给我做香喷喷的饭菜。

可是,不知从什么时候开始,他们回家的时间越来越晚,有时只能看见留在锅里的饭菜,后来,锅里的饭菜变成了桌子上的几十块钱。那个时候我还在上小学,可以支配自己的一日三餐,对于一个孩子来说,那真的是一件值得开心的事情。我买了很多路边小吃当午饭。不知道是我吃得太多,还是那些东西本身就不是很卫生,没过几天我就得了肠炎。

一次,我正在上体育课,肚子突然疼了起来,接下来的半节课我就没从厕所出来过。大冬天,我一边打着哆嗦,一边冒着冷汗,现在想起来都觉得恐怖。快下课的时候,体育老师把我背到了校医那里。校医帮我打了针,班主任老师也急忙过来看我,说已经通知了我爸爸。我当时特别开心,觉得这场病真是生得值得,要知道那时我已经有四天没见过爸爸了。也许是之前折腾得太凶了,在等爸爸的时候,我在医务室睡着了。

这一觉睡得很舒服,醒来的时候肚子已经不疼了。可是环顾四周却只看见林阿姨(爸爸的秘书)的身影……

这让我想起了一次学校搞的"家长学校"活动。这个活动的一项主要内容,就是请家长到学校来,看看我们是怎么上课的。活动的前一天,我特意复习了第二天要上的课程,准备在课堂上发言,好叫妈妈开心一下(妈妈答应她会去)。可是马上就要上课了,我并没有看见妈妈的身影。正着急呢,过来一个漂亮的姐姐,她问我是不是顾晓磊(化名),我点点头,然后她对我说,她是我妈妈的助理,我妈妈因为公司有事走不开,就叫她来了。那节课我没发言,我甚至没有好好听课。上完课我同桌用羡慕的语气说:"你妈妈可真年轻。"我没有回答,我知道她是想夸夸我,而对于我来说这简直是一种犀利的讽刺。

类似的事情在我身上不知道发生了多少回,我也一直都在原谅着他们,因为我始终相信,他们是真的很忙,而不是不爱我。

可是今天,他们竟然谁也没有和我说生日快乐,难道又是忙忘了?

有一个问题一直困惑着我:难道对大人来说,工作会比孩子重要吗?爸爸妈妈总口口声声说工作挣钱都是为了我,可我就不明白了,既然我那么重要,他们怎么又对我不闻不问、不管不顾呢?

☀ 东子给家长的建议

爹妈相伴,幸福无边

现在大多数家长都对孩子照顾得无微不至,甚至溺爱有加,但也不乏信中这个孩子遇到的这种情况:父母因为忙于工作而对孩子不管不顾。其实,用"不管不顾"这个词不是十分恰当,我这样说可能一些家长也不认同,他们会振振有词地说:"孩子要多少钱我给多少钱,别的孩子有的我的孩子都有,别的孩子没有的我的孩子也有。有时忙不开,孩子有事我不能去,我还派人替我去……"

如此说来,还真有点"冤枉"了这些家长。但是,东子想请家长们注意:给了钱、派了人,就算尽到为人父母之责了吗?钱既不是爹也不等同于妈,助理(秘书)也不是父母,他们能作为替代品吗? 身为家长,请您换位想想。

写到这儿,我想起了郭冬临曾演过的一个小品——《我和爸爸换角色》。来家访的孩子老师说:"您也许不认识我,我是孩子的新班主任。"郭冬临说:"没关系,老的我也不认识。"老师说:"我看您是不是应该多花点时间陪陪孩子了。"郭冬临说:"陪孩子? 多花点时间?你说得倒容易。我是男人呀,我是户主啊,我有事业……陪孩子,谁不想呀? 可厂长谁陪呀? 不陪厂长,谁给发工资? 没有工资,怎么养活这个孩子……"

而小品里孩子的那一席话，也道出了孩子们对家长的埋怨: "您老不回家,是不是不想要我了? "

随着现代社会高速发展,人们的生活节奏越来越快,生活压力也越来越大。越来越多的父母,如今已难得有充足的时间来陪伴孩子。时间是个很奇妙的东西,它既可以创造无尽的金钱,又可以创造无价的亲情。但金钱和亲情却不能同时拥有,所以就要有所取舍。

我们做孩子时,常常抱怨父母不理解自己,并且常常为此而痛苦。然而,当我们做了父母后,却开始试图将自己的观点强加在孩子身上,并振振有词地辩解:孩子不懂事,我得为他们负责。也许还会像当年自己的父母那样,对着孩子抱怨:我都是为了你好,等你长大了就知道了。

责任感和价值感是紧密相连的。一个人,只有看到自己的行为能对他人产生影响,能够得到别人的喜爱和尊重,他才能油然生出一种自豪的感觉,并从中增强自己的责任感。做父母的,不妨转变自己的心态,试着用孩子的眼光来看现实的世界,那么你对很多发生在孩子身上、令你相当费解的事,就会恍然大悟。

大量资料显示,与父母、亲情接触少的孩子,普遍存在焦虑、自尊心不强、孤独等情感障碍。当父母的关爱缺乏到一定程度,孩子有可能会患上"缺爱饥渴症"。这样的孩子通常表现为抑郁、孤独、任性与依赖。如果正处于青春期,为了摆脱内心的孤寂与痛苦,孩子往往容易盲目地去尝试种种可能逃避现实的事情,包括抽烟、喝酒、甚至性放纵或吸毒。

在很多人的观念中，父母爱孩子就是多赚钱,给孩子买好吃的、好穿的,督促孩子学习。很多家长下了班要么是在外面应酬,要么就是在打麻将，根本不愿意陪孩子玩，更别说参与到孩子的生活和活动中。

其实，孩子的生活和活动是不能缺少父母的身影的，父母应该尽可能多地抽时间陪伴孩子，并积极参与孩子的活动——无论是家庭活动还是社会活动。父母的爱是孩子成长过程中的"营养催化剂"。再多的钱也替代不了父母亲情，有父母陪伴，孩子才能幸福无边。

孩子的健全人格是父母"陪"出来的

现在的很多家长总是终日奔忙，把孩子丢在一边。等到有一天他们终于想好好关心孩子的时候，却发现父母在孩子心里已经没有位置了。因此，作为家长应当多陪陪孩子。

孩子的健康成长，并不能单靠丰富的物质生活来保障，更多的是需要父母的关爱、亲情的慰藉，以及愉快的业余时间。现在很多父母都很忙碌，特别是像信中这类事业有成的家长，他们忙事业、忙赚钱，自然也就无暇顾及孩子。

其实，钱可以慢慢赚，事业也可以一步步发展，但孩子成长中的每一个脚步都是不可能重复的。许多事情，一旦错过就不可挽回。童心是一张洁净的白纸，要在这张白纸上画上最新、最美的图画，作为父母，除了用丰富的物质生活做颜料，还要用父母之爱、亲子之情做彩笔，去描绘孩子的童真、感受、能力和理想……

我国家庭中的亲子关系，最常见的有两种：一种是过分宠爱，一种是疏离冷落。这两种关系都对孩子的成长不利。前者很常见，这是因为现如今大多数孩子都是独生子女；而后一种关系，则是因为家长的各种原因，忽略孩子的精神需求，与孩子相处的时间少，从而不能建立亲密的亲子关系！

这两种关系给孩子带来的伤害，最直接表现在人格结构方面。

人格结构包括孩子的情绪情感、人际交往、自我意识、对外界的感受判断能力、选择和实践能力。所有这些都是通过家庭、父母的生活方式传递给孩子的。一个孩子若缺少父母的陪伴和影响，人格结构就会出现缺陷，甚至会影响一生的幸福。

不管家长在主观上重视与否，孩子的人格发展基本是在家庭成长中完成的。在儿时，孩子的人格结构就已经初步形成并会影响终身。研究表明，家庭成员之间情感的疏远和冷漠，都与家庭中的亲子沟通有关。亲子沟通，也就是指父母子女之间通过谈话、游戏、外出游玩或其他方式进行相互了解，亲子情感也必须通过沟通才能更融洽。

当前，人们在亲子关系的认识上，特别是在与孩子的情感交流方面，存在着一些偏差。很多家长只注重孩子的学习和衣食住行的物质需要，却忽视了孩子的精神营养，不懂得要常常陪伴孩子，与孩子进行感情交流，使孩子得不到与父母相处与交流的机会，这将极大地影响孩子的人格发展。

"事业再成功，钱挣得再多，也换不来一个健康快乐的孩子。"这是我二十年从事青少年心理咨询工作的真切感悟。

好家长·要牢记

> 父母的爱是孩子成长过程中的"营养催化剂"。再多的钱也替代不了父母亲情，有父母陪伴，孩子才能幸福无边。

我需要您的精神抚慰

🍀 孩子来信

东子爸爸,您好!

我是国一(范姜国一,东子女儿)姐姐的"粉丝",您是她的爸爸,所以也请允许我叫您一声东子爸爸。我崇拜国一姐姐,确切地说,我很羡慕她,当然,不单单是因为她阳光快乐,还因为她有一位您这样的爸爸。东子爸爸,我特别想问您一个问题,如果您有两个孩子,您会给他们一样多的爱吗?呵呵,我想一定会的,可我就没有国一姐姐幸运了,命运没给我像您一样爱孩子的家长。

我的爸爸妈妈也不是不爱孩子,只是他们把更多的爱留给了我的弟弟。

我三岁的时候,爸爸妈妈就开始带着我到城里做小买卖,那时日子很苦,但是我每天都很快乐。后来通过爸爸妈妈的辛勤努力,我们的日子越过越好,在我七岁那年,我家在城里买了房子,我有了属于自己的小空间,并且还成了一名小学生。那真是很开心的一段时光。

就在那年年末,一心想要个儿子的爸爸妈妈,给我生了个弟弟。那么小的小孩子,真的很可爱,想到我曾经也是这样的,我就更加喜欢他了。可是好景不长,弟弟慢慢长大,我这个姐姐却受了越来越多的委屈。

因为他小,不懂事,常常弄出乱子。可是不知道为什么,弟弟一发生什么事情,妈妈总是责骂我。弟弟把水打翻了,妈妈骂我不小心;弟弟自己不小心磕到了头,妈妈骂我没有照顾好他;弟弟哭了,妈妈不问青红皂白先骂我……

现在的我也只不过是一个五年级的小学生啊,我的很多同学现在上学、放学还是家长接送呢!可我呢?不但要自己回家,还要替妈妈照顾弟弟。每天晚上放学回家的时候,妈妈就只知道和我说那些照顾弟弟的注意事项,从来都不过问我在学校过得怎么样、成绩如何。

有一次我语文单元测试考了100分,我把卷子拿回家想给妈妈看。可是,一转身的工夫,卷子就被弟弟扯着玩了。我生气地冲弟弟喊了两句,妈妈竟然开始骂我,说一张破纸,扯就扯了,说到底还是因为我自己没有保管好……

我知道,我比弟弟大七岁,我的确应该照顾他、让着他,可是就算这样我也才只有十一岁呀,我也需要爸爸妈妈的关心和照顾,哪怕是精神上给点抚慰也好啊!有时候我常常怀疑自己是不是亲生的,为什么同样都是他们的孩子,待遇差别就这么大?难道我是多余的吗?

东子爸爸,是不是因为我太不可爱了,所以爸爸妈妈才不喜欢我?可是我真的很努力地去做了。我多希望妈妈可以常常关心我,就像大鸭子照顾鸭宝宝那样,那该有多幸福啊!可是这一切对我来说简直就是一种奢求……

☀ 东子给家长的建议

让孩子享受属于他的爱

这是一个可爱又可怜的小女孩，她所提的只是一个孩子对父母最基本的要求，我认为一点都不过分。人人都希望能得到他人的关爱，尤其是孩子，他们特别需要父母的关心和爱护。父母之爱是天地间最伟大的爱，是一种父母对子女纯粹的爱、自然的爱，这种爱是孩子成长过程中不可或缺的精神营养。

可令人感到遗憾的是，生活中确实有一些为人父母者，出于这样或那样的原因，而忽略了孩子的这种情感需求。一个长期得不到足够父母之爱的孩子，很容易产生自卑、恐惧、焦虑、反叛等心理，进而严重影响孩子的健康成长，使孩子离家出走，甚至报复杀人……

湖北省武汉市汉阳区一个十三岁的女孩，就是因为觉得"妈妈对自己不好、对弟弟好，嫉恨妈妈和弟弟"，而投毒毒死了母亲和年仅三岁的弟弟；广东省佛山市一个十二岁的女孩，因不满父亲重男轻女，杀死了三岁的弟弟，自己也跳湖自尽。至于因得不到父母之爱从而离家出走的孩子，那就更多了。

分析儿童心理问题的成因，首先要看他们成长的环境，尤其是家庭环境。很多家长对孩子的身体发育不曾忽视，对孩子的物质需求不曾忽视，但却忽视了孩子的精神需求。有研究表明，父母的不当教育方法和行为，会直接或间接地影响孩子的身心健康。也就是说，家长对孩子的态度如何，对子女精神需求的关注度如何，实际上是会关系到子女成长的结果的。

像信中这个小姑娘一样,因精神需求得不到满足而苦闷、甚至如以上几例被逼得丧失理智的孩子还有很多。这些孩子的所作所为绝非一时的冲动之举——反叛情绪也是需要长期的酝酿和沉淀的——然而与孩子朝夕相处的父母们却丝毫没有察觉。可见,我们多么忽视孩子的精神世界!

孩子是活生生的血肉之躯,他们也有自己的许多需求。当孩子的物质需要得到满足的时候,他们就会有强烈的精神需要。他们渴望父母关心他们、理解他们、尊重他们,如果这一需要得不到满足,那么更高的需要如学习、认知、审美等自我实现的需要就难以产生,这样的孩子别说是成功、成才,就是成人也难。

不管你有多少孩子,不管是男孩还是女孩,无论他们有何差别,他们都拥有一个共同的归属——都是你的孩子。既然是你的孩子,就应该得到你的爱。对孩子厚此薄彼,不利于孩子们的健康成长;而伤害了孩子的心,就等于剥夺了孩子的未来。为了一个孩子而伤了另一个孩子,这是极端的短视行为,是一种得不偿失的自私狭隘的爱。

我们一直倡导"以人为本",可我们的家长真正为孩子考虑了多少呢?不是你给他吃、给他穿、供他读书就可以了,你要给予他精神抚慰,满足他对爱的渴求。家长为孩子努力打造舒适的生活家园的同时,更要为他们努力打造出一个温馨和谐的精神家园。

要满足孩子的"情感"需求

孩子在任何方面取得成绩,都是他付出努力的结果,是孩子引以为自豪的成就,也是他希望父母认可并能与他一起分享的。这是孩子在成长过程中,最基本、也是最重要的情感需要。但是信中这个单元测试得了满分的小姑娘,不仅没有得到父母的赞赏与鼓励,反而还间接因此受到了责骂。想想看,孩子的心里会是怎样的感受?

这可能会使孩子因为自己的努力得不到父母的肯定,而在心灵、情感上受到伤害,认为"反正父母不喜欢我,我再努力也得不到他们的赏识",以至于失去积极性。所以,家长要重视孩子的情感需求。

每个孩子都希望得到父母的认可及肯定,父母对孩子的赏识、鼓励,是孩子努力、上进的最大动力。所以,无论孩子取得什么样的成绩,哪怕只是很小的成就或者进步,父母也要真诚地给予肯定。

每个孩子都希望能展示自己才华和成就,都希望将自己最好的一面展现在父母面前。只要时间和条件允许,父母都应该适时地出现在孩子身边,和他一起分享成功的喜悦。这对孩子是莫大的激励,也是孩子保持自信、积极进取的动力。

要让孩子感受到"父母爱我",孩子才会自信、快乐地度过每一天。孩子和成人一样,希望得到别人的尊重。我们不能把自己的孩子仅仅看做一个小孩子,而要把他看成一个独立的个体,要给予孩子必要的尊重。

对于孩子的物质需求,我们可以"吝啬"一点,但在孩子的精神需求方面,则要做一个慷慨的施爱者。让孩子的各种精神需求得到满足,孩子才不会成为一个精神上贫乏的人。家长只有科学地满足了孩子的精神需求,时常给予孩子精神抚慰,孩子才会健康成长。

好家长·要牢记

对于孩子的物质需求,我们可以"吝啬"一点,但在孩子的精神需求方面,则要做一个慷慨的施爱者。

我的快乐想和您分享

🍀 孩子来信

东子叔叔,您好!

我是一名刚上初中的女孩。虽然学校的老师总是称呼我们为新生,但是他们已经把我们当大孩子看了,这真是件令人兴奋的事儿。

上了中学,随之而来的就是增加了几倍的学习任务,对我来说,真是困难重重,尤其是英语,最让我头疼。上小学的时候,我因为贪玩,英语考试从来没有及格过。到了初中知识越学越深,我的底子又差,学起来就更显吃力了。但我现在信心满满,越是吃力,我就越努力,因为我相信,只要努力,就一定会进步。

今天我就证明了这一点,我的英语真的进步了,哈哈!

上早自习是我一天中最紧张的时刻,因为我们的班主任(她是英语老师)每天早上都要抽考英语,就是随便叫起来一个学生,用英文提问,请学生回答。我之前也被叫到过两次,因为我的英语实在是太差了,只能对老师说"sorry"。可是今天不一样,老师提的两个问题,我全部都回答得很好。

"very good!"老师对我点点头,并附带了一个甜美的微笑。对于一个英语考试想要达到及格都很困难的人来说,这句话简直就是天大的"奖赏",它给我带来了一天的好心情。可当我蹦蹦跳跳地回到家,高兴地把这件事告诉给爸爸妈妈时,他们却……妈妈正忙着在上网"收菜",头都没抬一下,爸爸也只是敷衍我一句,然后就继续看报纸。我以为他们没明白我在说什么,就又重复了一遍,并把"英语"两个字说得很大声。这次妈妈倒是有反应了——她不耐烦地说:"别吵吵了,该干什么干什么去!"这句话像一盆冷水一样,浇得我的心冰凉,似一阵狂风,把我的喜悦吹得无影无踪,一时不知所措,只能无比尴尬地立在客厅中央。

我问我自己,究竟是哪里不对呢?难道学习成绩上去了不值得高兴吗?看看他们的态度,想起他们以前说过的话,我更加迷茫了,到底是哪里出错了呢?

记得上次我参加学校运动会的跳远比赛得了第 1 名,我跑回家想和爸爸妈妈分享我的喜悦,可是他们却说,运动会得了冠军算个啥,学习第一了才是真本事。于是我便好好学习,现在我有了这么大的进步,可是他们却是这样一副表情。

我没想从他们那里要奖励,就是觉得那是我的父母,我进步了,应该和他们分享,让他们开心。因为平时,就算是普通朋友有什么好消息,有快乐要与我分享,我都会觉得很开心的。

或许在我的父母看来,我那点小快乐太微不足道了吧!可是那对于我来说,却是无比开心的事情。他们是我最亲最爱的人,我的进步、我的心情最想和他们分享,可是他们看上去似乎并不乐意分享我的快乐。

唉!不想多说了,越说心里越难受……

☀ 东子给家长的建议

要及时分享孩子的快乐

这是一对麻木的夫妻，一对不了解孩子心理的家长。在他们看来，孩子的一点小进步是微不足道的，只有孩子有了惊人的成就，才值得去分享。他们忽略了一个重要的问题，那就是分享本身是尊重与肯定，同时也是一种奖赏。家长对孩子取得的一些小进步、小成绩的积极反应是很必要的。

一个人最大的开心，并不是遇到什么让他开心的事情。如果在他开心的时候，有人回应他，那么他的开心就有了更强烈的延续。当孩子为自己的进步感到开心的时候，你若表现出愿意和他一起分享这种快乐的状态，那么孩子会因为感受到你的这种快乐，而受到更大的激励，从而激发出更大的前进动力。

所以，当孩子兴致勃勃地把自认为高兴的事情告诉给我们的时候，我们千万不要流露出麻木或者不以为然的表情，那样会残酷地消减孩子的快乐体验。

说到这里，我想起了一件曾经发生在我和女儿依依之间的事情。

依依七岁的时候，一天中午放学回来，她在楼下按门铃。我听到后，给她开了楼下的电子门，她却在楼下对着大门上的对讲机大声说："爸爸，我要告诉你一件大喜事，天大的喜事！"——也不知道是怎样的大喜事，竟然等不到上楼再说。

考虑到楼下太冷了,我说还是上楼进屋再说吧!放下话筒,我就想是什么喜事让孩子高兴成这样呢?被老师表扬了?获什么奖了?又考了个第一?交到新朋友了?

这时,依依急匆匆爬上楼,气喘吁吁地站在门口,脚刚踏进屋就喊:"爸爸,您猜我有什么大喜事?"我就把刚才猜的几件事情一个个说了。依依一遍遍地摇头:"错错错,都错,我告诉您,我踢毽子能连踢三个了!"

"什么?"

她的眼睛笑得眯成了一条缝,"我踢毽子能连踢三个了!"

我暗笑:就这天大的喜事呀?但我的脸上还是漾出惊喜的表情,"真得?祝贺你!"我朝依依竖起了大拇指,并用另一只手拍拍她的肩膀。依依顺着我的胳膊依偎过来,我顺势给了她一个热烈的拥抱,把我的爱和对她取得"胜利"的赞赏,都通过这一拥抱传递给了她。

依依兴高采烈地说,她以前只能踢一个,练了很久了,也没能多踢一个,没想到今天竟然踢了三个。她以前一直是班里踢得最少的,现在已经超过了那三个只能连踢两个的同学!

想一下,在成人眼里,这简直就是鸡毛蒜皮的小事儿,根本不值得如此大惊小怪。可在一个七岁孩子的眼里,这就是一个巨大的成功,是值得高兴和庆祝的胜利。如果我们做父母的对此不当回事,甚至训斥孩子疯疯癫癫、不稳重,势必会打击了孩子的积极情绪,消减了孩子快乐体验,更不利于孩子建立自信心。

很多时候,成人眼中那一点不起眼的成功,到了孩子眼里就是天大的胜利。这时候父母一定要和孩子一样表现出喜悦,给予他们鼓励和赞赏。

分享别人的快乐就是对别人的一种给予，就是对他人的一种关爱。如果我们乐于分享孩子的快乐，相信孩子定会取得更多、更大的成功。

分享会让孩子更加快乐

我的一位战友跟我说，他女儿有一天兴高采烈地告诉他，自己画的画得到了老师的表扬。结果我的这位战友表情僵硬地"哦"了一声，就再没有了任何态度。孩子失望至极，从此对画画渐渐失去了兴趣。由此可以推论，在学习上、工作中，假如孩子取得了小进步，家长却如此轻描淡写、不当一回事，孩子可能从此对学习、对工作就失去了兴趣的。

快乐无小事。对于孩子来说，"我搭了一个神奇的城堡"、"我修了一座长长的桥"、"我的车子能飞快地在路上走"、"我发现我种的豆子长高了"……这些都是值得高兴的事情。当孩子们把它讲给家长听时，眼睛里呈现的都是喜悦。毫不夸张地讲，孩子是很容易满足的，一点点变化和体验都会让他们激动万分。有心的地方就会有发现，有发现的地方就会有欣赏，有欣赏的地方就会有快乐，而快乐跟事情的大小或重要与否是没有关系的。

孩子的任何进步，取得的任何成功，家长都应该积极地予以回应。您的分享会让孩子更快乐，会激起孩子更加浓厚的兴趣去学习、去探索、去追求……

一位在小学当体育老师的家长，在他的博客中这样写道：

一天，我给一年级的小学生上体育课，刚到操场的甬道上，就看到一个孩子手里拿着跳绳向我跑来，结果跑得太急，被绳子绊倒了,疼得直哭。我蹲下来帮他拾起绳子。他突然记起要告诉我的喜事,便破涕为笑:"老师,看,我爸给我买的新绳子,和他们的都不一样!"我看到他天真的笑脸,真诚地说:"真不错!好好练习,你一定能跳得最好!"听了我的称赞,孩子显得很高兴。

这个班有一个智障女孩,她的运动能力很差,立定跳远只能跳到不足 30 厘米。教这个女孩子学跳绳,我从没有奢望她能跳得多好。大约练习跳绳快一个月的时候,她跑到我的面前对我说:"老师,我会一种新的跳绳方法,你会吗?"我故意惊讶地说:"是吗?那你跳给我看看!"接着她就认真地跳起来。只见她努力地向上跳一下(跳的高度也不到 10 厘米),把绳向前使劲地摇动,接着又努力地向上跳一下,将绳再使劲地向后绕动,可是,她一次也没有成功地将跳绳从脚底绕过。但面对她的热情,我却不能将"你跳得不对"这句话说出口。因为我知道,正确的跳绳方法对她来说太难了,难到可能她一辈了都学不会,所以我就鼓励她说:"你跳得真不错,好好练习,你一定会成为一个跳绳高手。"听了我的称赞,她高兴地跑开了,去向自己的同学炫耀她独创的跳法。

这是一位非常了不起的小学老师,是一位善于分享孩子快乐的好老师。他与第一个孩子分享了有新跳绳的快乐,又与第二个孩子分享了创新的快乐。

其实,这样的故事无论是在校园里还是在家庭里,几乎天天都会发生,因为每个孩子都想把自己的快乐和老师、家长分享,每个孩子都想得到老师和家长的欣赏与奖励。这时,哪怕您给孩子的只是一句赞美、一个微笑,孩子也会得到心理满足,甚至会喜形于色、眉飞色舞,这是一种积极的情感体验。

这种体验会产生一种继续追求的积极心理,产生新的动机和兴趣。这时,他们就会开始信任你,因为你在他们的心中,是一个能理解他们心意的好老师、好妈妈、好爸爸。所以,我们要像这位老师一样,善于分享孩子的快乐,让孩子的快乐能够得到无限的延续……

好家长·要牢记

成人眼中那一点不起眼的成功,到了孩子眼里就是天大的胜利。

我的家长会想让您参加

❀ 孩子来信

我叫乐乐，名字是奶奶起的，她说这是希望我永远快乐的意思，但我并没有如她所愿。

我生活在一个三人组成的家庭里——奶奶、爸爸和我。奶奶说妈妈不要我了，以后不许我想她。可是有的时候我会管不住自己，比如说每次开家长会的时候。

以前一直是妈妈给我开家长会，无论多忙她都会去，自从她撇下我和爸爸，和另一个男人走了以后，家长会就变成了我的烦恼。四年过去了，学校组织家长会也有十几次了，每次老师总是要强调，尽量让爸爸妈妈去，实在不行才可以叫爷爷奶奶去。

自从他们离婚以后，爸爸似乎变成了另外一个人，他回家越来越晚，对我的事情也不再关心，家长会更是一次都没去过。这几年都是奶奶在照顾我。她已经是将近七十岁的老人了，身体特别不好，常常要去医院打点滴，腿脚也不太好使，我不忍心让奶奶去，可是她不去，就真的没有人给我开家长会了。

我也曾经叫爸爸去给我开家长会，刚开始他"嗯、啊"地敷衍我,后来明确表示不感兴趣,最后竟然跟我发起火来:"一个家长会,不去又能怎么样?你再磨叽,小心我揍你!"就这样,家长会和我爸爸就"绝缘"了。

从此,我的家长会只能让奶奶去开了。可是由于她老人家身体不好,也只能是偶尔去几次。大多数的家长会,我那个座位都是空荡荡的。其实,即便奶奶去了也只不过是占个位置而已,因为她的听力在很多年前就已经不太好了,所以老师说的什么她也听不清楚,去了无非是安慰我一下。

有时我想,我在学校里学习不是很好,也许没人给我开家长会并不是坏事,至少考不好时不会有人批评我。可是每当想到开家长会的时候,同学们的位子上都有自己的爸爸妈妈,只有我的座位是空的,我就很难过,仿佛一个人孤单地向前走,不知道目标,更没有方向。

我小时候一直很崇拜爸爸,那个时候总觉得他无所不能,希望自己以后也能成为他那样的男子汉,可是就是这个我崇拜的爸爸,对我的学习和喜怒哀乐不闻不问,他是多么的不负责任啊!我现在对他真的很失望!

我现在已经上初中了。初中班主任召开第一次家长会时,我并没有告诉奶奶,因为奶奶的腿脚越来越差,我实在是不忍心。老师向我问及原因的时候,我就把家里的情况说了,她要了爸爸的电话号码,可是第二次开家长会的时候爸爸依旧没去。我不知道他到底有多忙,连我们老师亲自请他他都不来。

现在,我们班只有我没有家长来参加家长会,我同桌问我为什么我的爸爸妈妈没来的时候,我心里有说不出的难受。我并没觉得自己做过什么让爸爸不开心的事,他为什么就不能考虑一下我的感受呢? 我现在已经上初中了,他难道都不想知道我在学校的表现吗? 他怎么能对我这么漠不关心?

☀ 东子给家长的建议

家长会万万不可错过

说起家长会,我的感受很深。第一,我也是家长,经常参加女儿学校召开的家长会;第二,我经常被一些学校邀请去做家教讲座,而这些讲座有很大一部分利用的正是家长会时间。

在家长会上,我总能看到一些白发苍苍的爷爷、奶奶(姥爷、姥姥)在认真地听老师讲话;当然,也经常会看到几个空位……

为什么总会有空位呢? 家长们总是有这样那样的原因,可我认为不管因为什么, 都不应该不参加孩子的家长会。父母要亲自参加,实在不行再由其他成年亲人代行参加。但是不管是谁参加,都要认真听讲,做好笔记,这既是对孩子负责,也是对自己负责。因为只有这样做了才能更好地去了解孩子,更有效地与孩子沟通。

信中这位同学的父亲,离婚后就一蹶不振,七旬老母不顾,年幼的孩子不管,真是愧对"父亲"这个神圣的称谓。不管经历了怎样的生活波澜,作为家长必须努力要撑起一个完整的家,为孩子遮风挡雨。这是为人父母的基本责任,推卸责任就是严重的失职。

家长经常不参加家长会, 会使孩子感觉得不到父母的关怀,造成情感缺失,形成自卑心理。情感的缺失会使孩子的人格发展出现扭曲甚至变形。例如,人际交往能力差,内心压力大,害怕被别人欺负,寻求保护或自我保护意识特别强,在自我保护方面出现过激行为,等等。同时,这些孩子因为情感缺失,很容易对父母产生一种怨恨情绪,成年后更有可能会滋生怨恨社会甚至报复社会的不良心态。

面对面的沟通是家长和老师最有效的沟通方式,所以,我们绝不可以错过家长会这样的好机会。开家长会时,我们可以通过校长的讲话来了解学校的方针、政策;通过和班主任老师沟通,来了解孩子在学校的各方面表现;还可以通过家长会来认识班内其他同学的家长,侧面了解孩子的交友情况。由此可见,从家长会上得来的信息,能够使我们进一步、全方位地了解孩子,从而掌握教育孩子的主动权。

因为"忙"而没时间参加家长会,是大多数家长的共同理由。其实要说忙,东子也和大多数家长差不多。我每天的工作千头万绪,除了撰写文稿,还要接听心理咨询热线,采访别人或接受他人的采访,到学校、企事业单位、部队作报告或演讲,到电台、电视台主持节目,每隔一段时间还要到外地讲学、作报告、参加会议……一天忙下来,回到家还要看看书、上上网,等等。

什么叫有时间,什么叫没时间?如果你认为钞票重要、工作重要,那自然就没有时间参加家长会。但如果你认为孩子的事重要,那你就有时间参加家长会。所以,无论多么忙,我都会争取参加女儿依依的家长会,自己不能参加也必须让孩子的妈妈或其他成年亲属代替参加。

为人父母不仅要从生活上关心孩子,还要经常和孩子沟通感情,学会了解孩子。也就是说,学校教育和家庭教育应同步进行。所以,家长应经常与孩子的老师取得联系,了解孩子在学校的表现与学习状况,了解学校的教育要求,有的放矢地开展家庭教育工作。

参加家长会是父母之责

从孩子出生的那一刻起,家长对孩子的责任就已经形成了。

如何成为一名负责任的家长,是每个为人父母者都应当慎思的问题。在大部分父母的意识里,对儿女只要能满足他们的物质需求,做到衣食住用行有求必应,有病及时治疗、保证身体健康,父母也就尽到了责任。其实这是一种低层次的责任意识,父母教育的关键,是要满足孩子心灵上的需求,即对儿女思想素质上的培育及精神上的抚慰。

其实养育儿女就如同培育一株幼苗,并不是施了肥、浇了水就可以任其生长,我们还要天天观察它的生长情况,该打药时打药,该修剪时修剪。这样才是一位合格的"园丁"。

我采访过一个叫"珍珍"的孩子,她今年十二岁了,父母都在南方打工。家里的生活全靠爷爷、奶奶种地分担。爷爷身体不好,常年离不开药,无法下地干活,生活的担子就全压在奶奶一人身上。而对于珍珍来说,生活的贫困与心灵的孤独相比,却是微不足道的。因为父母长年不在家,爷爷奶奶又忙得根本抽不开身,所以每次开家长会的时候,就是珍珍最伤心的时候。看着别的同学的家长都能来学校,自己的位子上却是空空的,她总是忍不住想掉眼泪。她多么希望自己的父母也能来参加啊!她多么希望有一天,家长会上她的那个座位不再是空的……

很多家长忽略了一件重要的事情:参加家长会也是表达自己对孩子关爱的方式,同时也是对孩子的一种精神慰藉。

　　由于父母长年不在家,或者因为平时只与父母中的一方生活在一起,不少孩子觉得自己得到的爱不够多,所以会产生被冷落的感觉。如今,人们的生活、工作压力普遍增大,父母为了打拼挣钱,同时也是为了让孩子学习、生活得更好,从而有可能忽略掉孩子的情感需求。这种顾此失彼只管挣钱不管孩子的做法,只能是得不偿失。

　　所以,再忙也要参加家长会,再忙也要与孩子沟通,再忙也要过问孩子的学习、生活情况,这样您的打拼才会更有意义。

好家长·要牢记

　　其实养育儿女就如同培育一株幼苗,并不是施了肥、浇了水就可以任其生长,我们还要天天观察它的生长情况,该打药时打药,该修剪时修剪。这样才是一位合格的"园丁"。

缺爸少妈的日子很孤苦

🍀 孩子来信

　　叔叔您好,我是一个十一岁的女孩,一个可怜的"孤儿"。虽然我有爸爸妈妈,但我觉得自己除了不用去孤儿院,其实和孤儿已经没什么两样了。

　　爸爸妈妈永远有比我还重要的事情,好像每时每刻都要处理事情,而我总是排在最后。在我们家最常发生的事情就是爸妈都在单位忙,留我自己在家。虽然他们不时地会问候我、嘱咐我,可是在冰冷的屋子里我却感觉不到一丁点儿温暖,有的只是一定会来的黑夜,和胆小却不敢将这一切说出来的我。

　　北方的冬天特别冷,可能是这个原因,所以我总觉得寒假也特别长。在去年的寒假里发生了一件事情,使我觉得自己特别的可怜。那天早上妈妈临时从单位赶回来,说是要去广州出差。晚饭前爸爸说他单位有事情,叫我自己弄饭吃。那时候外面正下着大雪,看上去很冷的样子,于是我决定在家煮方便面。

　　这是我第一次动手为自己做热乎乎的晚餐（以前都是吃凉的或是用开水泡面）,可是结果却很失败,因为我差一点把家里的房子点着了。我家用的是煤气，由于电打火不是很好用，所以要用打火机来点着。上次妈妈做饭的时候，就是这么做的。可是不知为什么，我点了好几次也没点着，最后一次，终于点着了。可是火势大的超出了我的想象，也就是一瞬间的事儿，从燃气罩里喷出一个大火球，紧接着抽油烟机开始燃烧。我被吓懵了，愣了几秒钟才想起来用水救火。

虽然我并没有受伤，爸爸回来也并没有过多地责怪我，可是看着那像废墟一样的厨房一角，我心里竟是酸酸的味道，我只不过想吃一碗热热的方便面而已。

那个寒假我没怎么出去玩儿，我只想一直待在家里，这样爸爸妈妈一回来，就能看见我，我也可以多和他们待会儿。我做的最多的事情就是趴在窗台上，看着楼下的行人，寻找爸妈的身影。很多时候，我看到的只是别的孩子同父母嬉笑着走过，这时的我总是很矛盾——既想看看这其乐融融的景象，看完了心里又不舒服。我不知道自己是羡慕他们还是嫉妒他们。

我常常幻想我的爸爸妈妈下岗了，这样他们就可以闲下来，可以不用每天为了自己的工作东奔西跑，可以有时间陪陪我。我真的很想和他们在一起，哪怕只是聊聊天、说说话。

叔叔，您现在知道我为什么说自己是孤儿了吧？我觉得孤儿院的孩子也不过如此，甚至有的时候我还不如他们。他们可以和别的孩子一起玩，而我只能趴在窗台上一个人发呆。有时候我觉得自己特别可怜，虽然有爸爸妈妈，却感受不到来自他们的关爱……

☀ 东子给家长的建议

在孩子心里,有妈才有家

看到这封信,我想起了曾经在山东安丘采访过的一个女孩,尤其是她那封写给妈妈的长信:

亲爱的妈妈:

我想您!

睡不着觉的夜晚,我想您;生病不舒服的日子,我想您;学校开家长会的时候,我想您。生气的事想和您诉说,高兴的事想和您分享……妈妈呀,您知道我有多想您吗?

时间像小河一样匆匆流过,一转眼又是春种夏忙的时节。刚刚过完母亲节,儿童节就要到了。对于这两个节日,我既期待,又害怕。"期待"是因为有"母亲"这个词,"害怕"却是因为我的妈妈——您——远在千里之外,与您一起"过节"对我来说只是一种奢望。

您为了这个家,背井离乡到千里之外去挣钱。我更知道您的艰难,您为了这个家,为了我,付出了太多太多。

在学校的时候,我还有同学、还有朋友。可是回到家,就只能面对空荡荡的屋子和冰冷的锅碗瓢盆。在无数个夜晚,冷冷清清的家让我心生绝望。要知道,我想念的家,不是这个空房子,而是有您和爸爸在的那个温馨的小窝,那是什么都代替不了的。我已经很久很久没有见过您了。妈妈,您好吗?

妈妈，您还记得吗？当初您离家的时候，我哭着想挽留您，但还是没有留住。我看见了您的泪水，我不再哭泣。因为我知道，这不是我能左右的事情，更不是您不愿意要我了……

虽然可以理解这一切，但是不知道从什么时候开始，我不愿回家了，甚至就连假期的时候也是这样。"妈妈"在我脑海中的印象，开始慢慢变成银行卡上的汇款钱数和电话那头简简单单的问候。

我想念小时候，那时候，虽然生活苦难，但是我们的精神世界却很富足。如今，我在慢慢长大，你们不在身边的日子里，我也在学着让自己坚强。但因为失去了心中的根，我的成长就如同风中的落叶，没有方向，飘忽不定……

亲情的维系仅仅靠电话显然是不够的，孩子们需要的是实实在在、看得着摸得到的亲情。为了解除孩子的孤苦，抚慰孩子的心灵，家长要尽可能多地让孩子看到我们的身影，给孩子一个"妈妈"，就是给孩子一个温暖的"家"。

缺少"父爱"的孩子像缺钙

当然了，一个完整的家庭，不仅要有妈妈，还要有那另外半边天——爸爸。

但是，在我二十几年间作过的大大小小近一千场家庭教育报告中，现场听众的男女比例，多数时候仅为 1:4；而在家教咨询中，接到父亲们打来电话的次数更是少得可怜，通常境况下，都是母亲打来电话。

"爸爸不管孩子"——在中国，这几乎已经成了一种普遍现象。爸爸们为什么这么不"热衷"对孩子的教育？

首先,我认为就是受到了一些传统观念的影响。我们中国有一句话说了很多年,那就是"男主外,女主内"。即便是现在,女人和男人一样要在外面打拼,但是回到家,家里的一切依旧是由女人来打理和主持,这其中当然就包括对孩子的照顾和教育。因此,很多人想当然地认为:管孩子是母亲的事,父亲的主要责任就是挣钱养家,给孩子创造一个好的生长环境,给孩子安排好成长中的大事,为孩子撑起一片天。抱着这样的观点,父亲哪还会主动去管与孩子有关的那些"琐事"。

母亲十月怀胎,辛苦孕育生命;父亲则该工作工作,该娱乐娱乐。从生命孕育到孩子降生再到一步步成长,如果父亲在照顾、养育方面不主动靠前、帮妻子分担,长久下去,就会形成一种思维定式——孩子在成长时期根本不需要父亲的照顾,父亲们会认为,在孩子的成长初期,他们的主要任务就是赚钱养家,而真正发挥作用,则是在孩子长大成人之后,为他的人生大事出谋划策。

另外,一般父亲的工作相对繁忙些、应酬多些,没有时间参与到教育子女的事务中来。所以,家庭教育中,"父亲"总是缺席……

有些孩子的父亲因为工作需要,会长年出差在外,那么这些孩子就如同生长在单亲家庭里。有的父亲看了这话可能会有意见:我只是不管教孩子,不能就说孩子"缺少了父爱"啊!我也很爱我的孩子,正因为爱孩子,所以我才这么忙、这么拼命地赚钱,我要为孩子创造一个好的生活条件啊!

是的,没有父亲不爱自己的孩子。您的确爱孩子,但是站在孩子的角度来看,您还要让他们感受到你的爱。孩子感受不到,那就是"缺少父爱"。

父亲角色的弱化和缺失,会给孩子带来不安全感,而缺乏父爱的孩子也会感到焦虑和孤独。大量的研究资料表明,与父亲接触少的孩子,普遍存在焦虑、自尊心不强、孤独等情感障碍。

这封信让我想起了最近在中央电视台播出的一则公益广告:

一个六七岁的小女孩,在妈妈的劝说下刚刚入睡,听到门铃声就忽地跑出去喊:"是爸爸回来了吗?"妈妈告诉她不是,于是她又无限失落地回到自己的床上。此后一有声音,她就跑到门边,满怀期待地喊:"是爸爸回来了吗?"但是,每次的答案都很让她失望。最后,孩子在困倦无比时,带着遗憾睡着了……

当孩子缺少父爱到了一定程度,就很有可能会患上"父爱饥渴症"。即到了青春期时,缺少父爱的孩子会疏远甚至厌恶父亲,这种疏远和厌恶,掺杂着因为得不到父爱而产生的失望与凄苦。于是,他们会盲目地去尝试种种可能补救的办法,包括抽烟、喝酒、甚至性放纵或吸毒,以此来吸引父亲的注意。

一个健康、完美的家庭应该是由父亲、母亲和子女共同构成的,这三方就像一个三角形的三条边,只有相互连在一起,三角形才能牢固稳定。

实践证明,一个人降生到一个家庭之后,母爱不可无,父爱更不可缺。父亲是孩子成长过程中不可缺少的角色。父亲在孩子学习、生活和人生发展中有极其重要的榜样、示范及教导作用。这种作用是母亲无法替代的。

因此,可以说,"父亲"这一角色的缺失,实在是家庭教育中的隐痛,是孩子一生都无法弥补的缺憾。缺钙的孩子体不健,缺爱的孩子心不爽。父爱的缺失是一种痛,对孩子的成长是终身难以弥补的痛!

　　只有父母合力才能为孩子构筑一个温情的成长乐园，孩子才能健康地成长。

好家长·要牢记

　　父亲角色的弱化和缺失，会给孩子带来不安全感，而缺乏父爱的孩子也会感到焦虑和孤独。

跟着爷爷奶奶很孤独

🍀 孩子来信

东子老师,您好!

我是一个还在上初二的女孩,我生活在一个枯燥乏味的世界。在这个世界中,第一重要的是吃饭,第二是学习,第三还是吃饭、学习。

您一定觉得我很奇怪吧? 可是这就是事实,就是实际存在的。我们老师说中国有些边远山区直到现在还没有通电,她说的时候表情很奇怪,像是怕我们不相信,可我觉得她大可不必这样,因为这个世界上没有什么事情是不可能发生的。

从我记事开始,我便生活在爷爷奶奶的身边,他们现在已经是七十多岁的老人了。爷爷奶奶有五个儿子,我爸爸是他们最小的儿子,用奶奶的话说,也是最让他操心的一个儿子。爸爸和妈妈都是公司的职员,他们要努力地赚钱养我,所以没时间照顾我。于是我从小就和爷爷奶奶住在一起。他们对我很好,我也很爱他们,可是他们的想法却和我有很大的不同,也许这就是传说中的代沟吧!

可能是年龄大了的缘故,爷爷奶奶每天晚上很早就会上床睡觉。他们睡觉了,也要管着我早早睡下,根本就不管我困不困,睡不睡得着。每天只会和我说吃没吃饱呀、写没写作业呀,其余的就什么话也没有了。有的时候我想跟他们说说学校的事情,可是爷爷却说吃饭的时候少说话。我想要和朋友一起出去玩,奶奶又怕我出危险,不准去。所以,我只能在家里待着。家里虽然有电视机,可是似乎只能放新闻,其余的时间爷爷从不打开它。

老师,您说我的人生是不是过得很乏味?我曾经和妈妈说过这些事情,可是她却说我不懂事,有人管还挑三拣四。她还说她和爸爸是在为我的未来打基础,我自己多少也应该付出一点……

可是我现在真的很不开心啊!什么是我的未来,我没有想过,我只知道我现在过得很不快乐。同学们常常谈论哪个歌星出唱片了,哪个演员长得好看,可我却一个也不知道,根本不了解情况。大家都觉得我很无知,根本听不懂他们在说什么。

老师,您说我现在该怎么办呢?我真的好难过啊!在学校的时候想要赶紧放学回家,回到家又觉得太乏味想要去学校。我真的希望时间可以快点过去,我好快快地长大,这样我就可以自己选择自己的生活,不用再待在奶奶家。

离开了这里,或许我可以拥有多彩的人生,就算不是那么的精彩,也至少不会像现在一样,每天似乎都是相同的,只有我偶尔变短的裤子提醒我,我正在长大。我真的希望自己能像"没头脑"(童话故事人物)一样,遇到一个魔法师,把我也一下子变成大人……

☀ 东子给家长的建议

孩子最好由父母带

这是一个典型的接受隔代教育的孩子。

所谓隔代教育,指的就是由爷爷、奶奶、外公、外婆来照顾孩子的生活,陪伴孩子的成长。

如今隔代教育主要有以下几种情况:其一,一些夫妻离婚后,为了不影响再婚,谁也不肯抚养孩子,最后,孩子的唯一去处便是爷爷奶奶或姥姥姥爷那里。其二,有的夫妻双双"下海"经商,深知"鱼"与孩子不能兼得,只好把孩子托付给父母。第三,有的夫妻为了出国深造或是因为两地分居,所以把孩子交给父母照顾。

隔代抚养最大的弊端就是老人思想观念陈旧,接受新生事物较慢,很容易影响孩子创新个性的形成。很多爷爷奶奶对新事物的理解相对滞后,不容易改变几十年来形成的思维模式和生活方式,不能很快跟上社会发展和观念更新的步伐。因此,教育孩子时,就不善于运用科学的、有创造性的方式加以引导,对于孩子出现的诸如"破坏行为、尝试行为"等一切具有冒险和创新性的探究行为,总是急着加以阻止。

如今的孩子求知欲高,可塑性强,不甘寂寞,喜欢探究新鲜事物。他们的信息来源主要是网络和电视,可很多爷爷奶奶会因为这样那样的原因不让孩子接触电脑和网络,这样将来孩子的见识势必很短浅,知识面和眼光不够宽广,结果必将跟不上这个时代的发展。

现代心理学研究表明,孩子对父母的情感需求,是其他任何感情都不能取代的。即使孩子的爷爷奶奶整天全身心地扑在孩子身上,将自己全部的感情都献给孩子,也是无法取代父母之爱的。孩子缺少血肉相连的父母之爱,极可能因情感缺乏导致人格出现偏差,进而产生诸如心理或行为障碍。

所以,家长要尽可能自己抚养孩子,使孩子在父母的正确引导下,有效利用资源,该学就学,该玩就玩。年轻父母的思想开放,观念更新快,接受的知识信息多,他们所教育出来的孩子比接受"隔代教育"的孩子更容易适应社会。

孩子的童年只有一次,对孩子的早期教育也同样只有一次,同孩子的亲情建立更是只有在童年时期才能进行,错过了将永远无法弥补。

在孩子成长的过程中,最需要的是父母给予的亲子之爱。因此,作为父母哪怕工作再忙,也要争取和孩子在一起,培养与孩子的感情,主动担负起对孩子的抚养和教育责任。一味地依赖老人来抚养和教育孩子,既是对老人的不孝顺,也是对孩子的不负责任。

父母是孩子的第一任教师,也是终身教师。把孩子培养成人,是社会赋予每一个父母的责任。父母对家庭教育的投入,就是对明天的投资。自己工作再忙、事业再重要,都不能忽视了教育孩子的责任,要担负起主要的教子任务。

祖辈应改进教育方式

孩子长期与爷爷奶奶生活在一起,爷爷奶奶自然就成了孩子的家庭教师。他们肩负着教育孩子的责任,履行着教育孩子的义务。他们的主观愿望是好的，通常也都很尽职尽责。然而，由于祖辈生活的时代与孙辈不同，他们所受的教育与当代人也有很大的差异，所以大多数爷爷奶奶的思想观念都比较僵化，所掌握的知识陈旧，教育理念与时代格格不入，有时甚至相背离。

一项调查发现，在"您是否鼓励孩子在户外奔跑、跳跃、尽情玩耍"的问题上，祖辈与父辈差异极大。经常鼓励的祖辈只有 12%，而父辈却有 55%。由于祖辈大多对孩子采取"看管式"的教育方式，所以会使孩子的主动交往意识变弱。隔代抚养家庭中的孩子主动找小朋友玩耍的只有 9%，而非隔代抚养家庭的孩子则达到 34%。

儿童时期恰恰是孩子求知欲强、体力和脑力活动充沛的关键时期，这个阶段需要给他们合理的智力刺激和运动量。如果把孩子封闭在小环境内，孩子往往容易养成内向、不爱活动的习惯和生活方式。这对孩子的成长十分不利。

如今，许多把孩子交给父母带养的年轻家长发现，孩子的"坏脾气"让人束手无策，他们与父母关系不和、自闭孤独或是任性顽皮。这都是年轻的父母们，"丢弃"了关心、教养子女的责任所带来的后果。

据有关调查显示，我国儿童心理健康状况不容乐观，通常表现在情绪、社会适应以及习惯等方面的障碍。具体来说，以行为冲动、自闭、忧虑、嫉妒、任性等较多见。而这些问题往往在很大程度上，与孩子接受的教养方式、父母和祖辈的教育方法有关。如果作为父母实在不能亲自教养子女，那么孩子的爷爷、奶奶就一定要改变旧有的教育方式，与时俱进，顺应时代的发展。

对成长中的孩子来说，单有祖辈的生活照顾和关爱是不够的，他们更需要的是父母的理解和开导。特别是孩子到了青春期以后，可能开始有自己的心事了,这时更需要家长的引导和帮助。年迈的祖辈往往跟不上孩子的变化速度,有时也不容易察觉孩子的心事。孩子的心事长时间堆积在心里,无法自我调适,就很有可能出现心理障碍。

好家长·要牢记

孩子的童年只有一次,对孩子的早期教育也同样只有一次,同孩子的亲情建立更是只有在童年时期才能进行,错过了将永远无法弥补。

第 2 篇

爸爸妈妈，您能理解我吗

为啥不让我上网

孩子来信

东子叔叔,您好!

我是一个小学五年级的学生,特别喜欢玩网络游戏,可是爸爸妈妈说什么也不让我上网,无奈,我只好趁他们不在家的时候偷偷地玩儿。

刚学会上网时,每到周六爸爸妈妈出去工作以后,我就打开电脑登录QQ,和同学聊天。有时不知不觉就聊到了中午,妈妈回来看见我在上网,二话不说就把电脑的电源给拔了。我当时正聊得热乎呢,一下子显示器就黑了。然后便看见妈妈阴沉的脸,我还没反应过来发生了什么,妈妈的狂风暴雨就向我袭来了:"我刚才还和对门的林阿姨说,你这孩子特听话,从来也不偷着玩电脑……"一口气说了十多分钟。我一边假装听着她的训斥,一边在心里面嘀咕:到底哪里错了呢? 不就是上上网吗,至于发这么大的火? 就连我考试成绩下滑了,她也不过才骂了几句而已。难道我上网真的比考试没考好还严重?

妈妈终于停了下来,我向她解释,我不会沉迷,只是和同学说几句话,用不着这么紧张。可是没有想到,我的话却在无意中变成了新一轮轰炸的导火索。妈妈更生气了,她觉得我这是错上加错,非但没有承认错误而且还不肯悔改。

从那天开始,妈妈对我看得更严了,而且周六她和爸爸还会轮流在家看着我。

前几天,爸爸妈妈去参加一个朋友的婚礼。一开始他们非要把我也带上,我说太累了,要好好睡一上午觉,中午看看电视,下午好好写作业。他们欣然同意,并一再嘱咐我不要上网。

那天,我真的睡了一个好觉,快十点了才懒洋洋地起床,吃了点儿妈妈给我准备的早餐,然后就想开电视机看看电视。可是转念一想,好不容易没有人管自己了,何不先上会儿网呢?于是,我上网玩起了我喜欢的游戏。不知道过了多长时间,我突然听到了敲门声,于是迅速把电脑关上,回到自己房间里"写作业"。

爸爸妈妈见我在"写作业",很满意地回他们的房间了。我终于松了口气,正暗自庆幸呢,爸爸气哄哄地走到我房间来:"你是不是又偷着上网了?""啊?"我假装不知道他在说什么,以为这样便可以蒙混过关。

"你跟我过来,你摸摸这机箱,还是热的呢!"

面对爸爸拿出的证据,我也只能承认:"对不起,我再也不敢了。"我心想,这回完了,爸爸一定会打我。

但是他没有,他把我叫到身边问:"你上网都干什么了?"

"玩游戏。"我不敢再说谎。

"你知不知道现在社会竞争多激烈呀,你还有时间玩?我们不是不叫你玩,你要是学习学好了,将来有了出息,想怎么玩就怎么玩。可是你现在玩游戏,长大了怎么办……"爸爸说了很多以前没说过的话,说得我心里特别不是滋味。

妈妈在一边不断地帮腔道:"你这孩子就是欠打,打你就长记性了,看来跟你讲道理根本没用。我告诉你,以后不准你碰电脑,要是再被我发现,就棒子炖肉(就是打我的意思)伺候!"

虽然这次我没有挨打,但那也是迟早的事,因为我不能不上网呀!可我实在不明白,作为一个早已习惯用电脑娱乐、购物的现代家长,他们为什么不能接受我也使用这种便捷的方式来学习和生活呢?

☀ 东子给家长的建议

要孩子明确上网的目的

在给家长建议之前,东子要先和这个孩子谈谈。

你的上网需求没有错,但是玩游戏不该是上网的唯一目的,我们还可以利用网络来学习和生活,比如看看新闻、查查资料。另外,既然你答应了爸爸妈妈,就应该要信守诺言。

作为家长,首先我们要让孩子知道,网络的最大作用就是通过它来获取有益的资源,要有意识地引导孩子在网络上搜索自己需要的信息,并积极地应用到学习和生活当中去。同时,还要告诉孩子,应该文明上网,不浏览不健康的网站,不沉迷网络游戏,不盲目和网友交流。

家长的健康引导是必要的,要以引导为主,预防为辅,不要把上网视作洪水猛兽。网络是社会发展不能缺少的,我们要主动迎接这一挑战。要告诉孩子正确运用和使用电脑,学会科学上网,从小引导孩子健康上网。

女儿依依在她的新作《范姜国一的初中》里有一篇名为"百度的贡献"的文章,里面讲述了她利用网络学习的故事:

趁着午后的美好时光,我躺在阳光下,一边享受着冬日暖阳,一边在书海中遨游。可就在我开心地被阳光包围时,一个小小的生词阻挡了我正快乐飞翔着的心。咦,这个词是什么意思呀? 我一边盯着这个词,一边犯疑,以前没见过它——"置若罔闻",字还都认识,就是不知道是什么意思。于是,我想起了学习好帮手——百度。

登上百度首页, 在搜索一栏输入这个词, 轻轻地按一下回车键,瞬间就出现了很多条目,看准了,点击其中一个条回一下,便进入了另一个网页——百度百科。

一打开这个页面,一串解释就映入眼帘:"意为放在一边不管,好像没有听见似的。形容听见了却不予理睬。"

哦,原来是这么回事呀! 呵呵,知道了这个词的意思,我的心又变得愉悦起来……

用百度查阅资料,这不是很好的学习方式吗? 所以说,电脑和网络不仅是娱乐工具,它还是很好的学习帮手。

网络成瘾错不在孩子

家长担心孩子网络成瘾是可以理解的。为了避免孩子网络成瘾,我们首先要弄清楚孩子上网成瘾的原因。

我想,大致有这样几个因素:第一,在绝大部分家庭中,学习是孩子唯一的任务。家长对孩子的学习成绩期望过高,使得孩子心理压力过大;而且一味地学习,使得生活单调,尤其课外娱乐活动少得可怜,网络游戏正好可以弥补这个空缺,它不仅可以使孩子暂时忘记压力,改变单调的生活方式,还能给孩子带来刺激感,这很容易使孩子对网络游戏产生依赖。第二,有些父母没有时间照顾孩子,更加不注重和孩子进行精神方面的沟通,加之现在的孩子大多存在"伙伴危机",既不能依恋父母又没有友情相伴,内心长时间被孤独感占据着。在这种情况下,一旦接触了网络游戏,孩子自认为找到了精神寄托,就很容易成瘾。第三,由于父母教育方式不科学,致使亲子关系紧张,或者家庭成员之间关系不和谐,孩子为逃避父母的管制或家里紧张、冷漠、压抑的气氛,有可能会沉浸于虚拟的网络世界中无法自拔。

只要稍加留意这三点原因,我们就会明白:孩子上网成瘾,不是孩子的错,也不是网络的错。我们这些做父母的反倒是要好好反省反省。

如果父母能够多拿出一些时间来陪孩子,并且在给予孩子物质满足的同时,更关心孩子的内心世界,多和孩子交流沟通,和孩子做朋友;如果父母能够给孩子玩的权利,不限制孩子适当的游戏行为,多给孩子创造玩的条件和空间,而不是眼睛只盯着孩子的学习成绩,嘴巴只会说"要好好学习";如果父母能给孩子创造多与人交流的机会,增加孩子和同龄伙伴交往的时间,鼓励孩子多参加集体活动,多与人交往;如果父母能有学习的意识,不断提高教育能力,并对网络有一个正确的认识,及时调整自己的教育方式,改善亲子关系……

那么,问问孩子们,他们还会那么容易对网络游戏上瘾吗?

网络是把双刃剑

我女儿很喜欢玩网络游戏,我认为,只要引导得当,电脑便会成为益智玩具,网络游戏便会成为益智游戏——既给孩子带来快乐,又可以提高孩子的综合能力。

依依从三岁多的时候就开始接触网络游戏,从简单的"推车子"到稍微复杂一点的"老爷爷过河",再到复杂得连我和妻子都"研究"不明白的"超级玛丽",等等。孩子从学会控制鼠标,到可以敏捷地通过操纵键盘来控制游戏中的人物,从简单的摸索到有方向感的判断和具备丰富的想象力……依依已经逐渐成为网络游戏高手。

每个周末我都会安排一点时间,把电脑让给依依。在这个时间段,依依可以自由使用电脑,她可能会上网玩游戏、打开邮箱发电子邮件,或者是制作一些电子贺卡,总之就是在网上做着自己喜欢做的事情。而规定的时间一到,依依会很自觉地从电脑前走开。

有时,我和妻子会和依依一起玩游戏。有一段时间,那个叫"懒懒猫"的游戏几乎成了我们晚饭后消遣的主要娱乐活动。三个人轮流上场,一个人玩,另两个人就当观众。一轮结束后,看谁的分数最高,谁就是三人中的冠军。而只要发现有好的网络游戏,我会毫不吝啬地推荐给依依。依依则会在很短的时间内鼓捣明白游戏的规则,然后成为自由驰骋于游戏世界的骑士。

我还教会依依上网和网友下象棋和五子棋。有一次我亲眼见她和一个三十多岁的网友玩五子棋,竟然连赢三局。依依兴奋地手舞足蹈,连连说:"真过瘾!真过瘾!"有时我出差在外,依依便会和我相约网上,痛痛快快杀上几盘五子棋。

我就这样既放手让孩子接近网络游戏,又开心于做她的游戏伙伴。让依依开心的事情不仅仅只有网络游戏——由于我和妻子的参与,我们家的精神生活变得特别丰富,依依每天都过得很轻松,既不孤独也不压抑,更没有学习压力——这才是最让她开心的地方。

网络游戏对于依依来说,只是普通游戏的一种。学会了玩网络游戏,只是为她增加了一项业余活动而已。更重要的是,通过玩网络游戏,依依和网络的距离越来越近,她越来越多地懂得如何利用网络,如何成为网络的主人……

所以说,网络也是一把双刃剑。如果一味地沉迷于网络游戏、网络交友,或者不良网页,那么它就是有害的;如果利用它浏览新闻、查阅资料、收发邮件,适当地玩玩游戏、交几个网友,那么它就是有益的。就好像我们平时常用的菜刀,在厨房它为我所用就是厨房用具;如果用它砍人,那它就是凶器了。

人类社会已经进入网络信息时代,不会使用电脑、利用网络的人,将成为新时代的文盲。所以,"电脑扫盲"该从玩网络游戏开始,它可以激发孩子对电脑的喜爱,可以消除孩子对电脑和网络的陌生感,进而由此走上合理利用网络学习的道路……

好家长·要牢记

> 网络也是一把双刃剑。如果一味地沉迷于网络游戏、网络交友,或者不良网页,那么它就是有害的;如果利用它浏览新闻、查阅资料、收发邮件,适当地玩玩游戏、交几个网友,那么它就是有益的。

为什么不让我出去玩

孩子来信

　　老师您好,我是一名刚上初二的学生,最近正读您女儿的书——《范姜国一的快乐初中》。我一边看一边感慨:同样是花季女孩,却有着完全不同的生活状态。如果把我们比做小鸟的话,她便是住在大森林里的百灵,我却是生活在笼子里的黄鹂。我多么想要飞出去看看外面的世界呀!可惜我的父母不像您一样那么开通。我并不是说我的父母不好,只是他们的爱,紧紧地束缚着我,让我透不过气来。

　　一年前,因为爸爸妈妈调动了工作,我们全家搬到了这座陌生的城市。在这一年里,我对这个城市的了解,依然只是学校到家这一路上的"风景"。两点一线的生活是枯燥的,可是我却无法不沿着这条线走下去——爸爸妈妈从不允许我到外面去玩。

　　记得我刚转到新学校的时候,交了不少新朋友,本来我们约好周末要一起出去玩儿,可爸爸妈妈却不同意,好像人家会把我拐走一样。久而久之,朋友们便不再约我了,甚至开始疏远我。在学校里,我没有特别要好的朋友,大家都以为我清高,从不接受别人的邀请。他们不知道,其实是我的父母不同意。

他们不让我出去,我就只好每天关在家里看书、学习。爸爸妈妈对我从不吝啬,给我买了不少书,虽然觉得苦闷,但是看看书也算可以消磨时间。于是有一天,我读到了国一写的书,在书中,她描写了自己的初中生活,丰富多彩的学习生活激起了我心中的波澜。我觉得,我不能再这样下去了。人家在比我还小的时候就已经可以独自做这做那了,我现在都十四岁了,却连和朋友一起出去玩的自由都没有,于是我决定抗争。

上学期期末考试的最后一天,大家决定第二天全班同学一起去郊游。虽然这不是学校组织的,但也算是集体活动了,我琢磨着妈妈会同意,于是晚上便和她讲了。

"有老师吗?"妈妈问。我摇摇头。"那出事了谁负责呢?"

"妈妈,不会出事的,我们全班都去,三十多人呢!"

"一群小孩子,瞎胡闹,不准去!"说罢,妈妈就走开了。

我追着妈妈又央求了一阵,可是无论我怎么说,她就是不同意,我急得眼泪都掉下来了。看见我哭,妈妈赶紧安慰我:"你们一帮小孩子有什么好玩的,你要是想出去玩,等周末妈妈带你去游乐园,想玩什么都有。"

我抹抹眼泪,呜咽着说:"全班都去,我不去的话,别人……"

"我都说了,不准去!回屋学习去!"妈妈生气地说。

我沮丧地回到房间里,思考要怎么和大家解释我为什么不能去。那天晚上,我翻来覆去地想应该怎么办。后来,我想到了一个绝妙的办法。

第二天早上,我不到六点就起床了,准备趁着爸爸妈妈还在睡觉的时候偷溜出家门。结果刚跑出楼道,就听见妈妈在喊我。我假装没听见,飞快地跑出了小区。

本来说好全班都去的,但是却只来了一半同学,没来的同学也是因为家长不同意。我这才发现,不是只有我的父母不开通。可是这也不能证明他们是对的,虽然我们未成年,但国家也没规定,未成年人不能独自出来玩呀!

下午回家后的状况,我想您应该能够猜到。妈妈的怒火,在我进门的一刹那便爆发了。我一直静静地听着妈妈的训斥,不反驳也不辩解。最后,见妈妈的气消一些了,我开始和她说我心里的话,关于那些我想要出去玩儿的理由,我甚至还举了范姜国一的例子。这是我在回家路上练习了几十遍的话,我试图说服妈妈,让她改变想法。我今天虽然没经过她的同意就跑出去,可到底还是安全地回来了!但事情并不如我想象的乐观,我还是失败了,妈妈依然不允许我出去玩。

我们都不理解对方的想法,我很想和妈妈沟通,但是她一直拒绝。东子老师,您说我该怎么办呢?

☀ 东子给家长的建议

教育不该"屏蔽"玩耍

从来信我们可以看出,这位家长不让孩子出去玩,主要有两个原因:一是怕影响学习,二是担心安全问题。其实,这也是大多数家长不愿意让孩子出去玩的理由。

我们先说说玩耍到底会否影响学习。

长久以来,我们的家长把"家庭教育"定义为"文化学习",一提到教育孩子,张口闭口谈的无不是与学习有关的话题。很多家长认为,"玩"与"教育"是不搭界的,甚至是会起反作用的。在大部分人眼中,学习就要争分夺秒,"玩"是浪费时间,是会影响学习的。

基于这样的思想意识,一些家长,尤其是重视家庭教育的家长,是不会把"玩"列入到孩子的日程表中的。家长有这样的想法似乎也可以理解,我国的传统文化历来崇尚"头悬梁,锥刺股"的学习方式,那些寒窗苦读的楷模被人们争相颂扬和模仿,而"玩"在大家眼中自然就是"不务正业"、学习态度不端正的表现。所以,但凡听到家长训斥孩子,说得最多的恐怕就是:"整天就知道玩!该学点东西了!"

在很多家长看来,玩只能作为一种学习之余的调剂方式,是纯粹的消遣,也可以说是在消磨时间。

玩和学习真的就是对立的吗?当然不是。其实,"玩"虽说是一种娱乐性的活动,但是它也具备一定的教育功能的。首先,它教会孩子认知。孩子从诞生那一天起,就开始在玩耍中认识和感知世界,并在玩耍中学会语言交流,懂得人际交往。可以说,玩耍是孩子理解人生的开始。其次,它教会孩子做事。比如很多游戏需要和他人配合才能获胜,在游戏的过程中,孩子会懂得合作的重要性,会学会如何与别人合作。但凡游戏都有规则,不遵守规则游戏就无法顺利进行下去,在游戏的过程中,孩子会养成遵守规则的习惯,在日后的生活中便会具备遵守社会规则的意识。

玩耍还能提高孩子的实践能力、解决问题的能力、模仿能力、创造能力、思维能力,甚至还可以开发智力,促进大脑发育,提高注意力、观察力、想象力、协调能力。所以我经常说,在很多情况下,"玩"其实就是"学习"。

安全要保证，玩耍也不该丢

接下来再和家长聊聊孩子的安全问题。

作为家长，除了担心孩子的温饱，恐怕最不放心的就是孩子的安全了。无论是玩耍还是做其他别的事情，安全教育都要贯穿始终。这本是无可厚非的事，但任何事情都要有个度。不告诉孩子具体的安全防范措施，而是一味地禁锢，是不科学、不明智的做法。所以，如果您也像信中的那位家长一样，那可真要好好反省一下了。

现如今的社会治安确实存在着诸多问题，中小学生遭到不法分子侵害的情况时有发生。所以，一定要让孩子学会正确认识遇到的人和事，明辨是非，提高警惕性，消除对危险的麻痹和侥幸心理。同时也要树立自我防范意识，掌握一定的安全防范方法，增强自身的防范能力，使自己在遇到异常情况时，能够冷静、机智、勇敢地去应对。

如果孩子小，那么在他（她）出去玩耍的时候，我们就要告诉他（她），别让器具（器材、玩具）伤了，不要和陌生人走等安全注意事项。如果孩子大一些了，比如像信中这个孩子一样，是个初中生了，那么家长要告诉他们，不要和陌生人搭腔，不要单独行动，最好和同伴在一起，不接受陌生人的钱财、礼物、食品，不搭乘陌生人的便车，不接受陌生人的邀请同行，不独自往返偏僻的街巷、黑暗的地下通道，不独自一人去偏远的地方游玩，等等。

我的女儿与信中女孩同龄，每周我都让她出去玩，有时是和三五个小姐妹相约游乐、唱歌，有时是自己去购物、逛书店。不管是和别人一起出去，还是自己单独出去，我都要叮嘱她注意安全。由于从小就对她进行安全教育，所以孩子每次都是高高兴兴地去，快快乐乐地回。

大一点的孩子如果是和同伴出去玩，家长一定要了解清楚，都有哪些同伴,去哪里玩,玩些什么,并要和孩子约定好回来的时间。另外,除了自己孩子的联系方式,最好还要记下同伴的手机号码或家庭电话,以便及时与孩子沟通。

当然,支持孩子玩耍也并非毫无原则,如果觉得孩子的人身安全存在隐患,要理直气壮地对孩子说"不"——不要让孩子单独和异性伙伴出去玩耍,还要告诉孩子哪些活动不适合他这个年龄段参与,沟通时要心平气和,口气不要强硬。

"玩耍"是孩子的基本权利

"玩"是孩子的天性,也是他的基本权利。对于孩子来说,"玩"是最开心的事情,而对于父母来说,"玩"也是最佳的教子方式。孩子通过玩耍可以学到多少知识、增长多少能力,这是无法用数字来计算的。

所以,教育不仅不该忽略"玩",反应该把"让孩子玩"、"教孩子更好地玩"纳入家庭教育中,使其成为教育中不可或缺的重要内容。

联合国教科文组织提出"教育应围绕四种基本学习加以安排:学会认知,即获得理解的手段;学会做事,以便能够对自己所处的环境产生影响;学会共同生活,以便与他人一道参与活动,并在这些活动中进行有效合作;最后是学会生存,这是前三种学习成果的表现形式"。可以说,这四种学习是个人知识结构的支柱。

现实告诉我们,一个综合能力强、心里充满快乐、阳光的孩子,在学校的成绩不一定好,但走出学校后,无论他身处何地,都会因为适应环境能力强、生存能力强,而顺利找到自己的位置,发挥自身的价值。所以教育的最终目的不在于孩子学了多少文化知识、考了多少分,而在于他是否成为一个完整的人、一个全面发展的人。

如何实现教育的这一最终目的? 最根本的一点就是:给孩子快乐! 因为快乐的心情对孩子的心理健康、自我成长等各方面都有影响。

那又如何让孩子快乐?还是那句话:给孩子玩的权利。

人们常说会玩的孩子最聪明,这话说得很有道理。在幼儿园里,爱玩且会玩的孩子常常是老师的得力助手,会把老师分下来的任务完成得很漂亮;在小伙伴的游戏中他们往往会成为领袖人物;在学校的联欢会上他们通常是引人注目的活跃分子,常常唱主角;这些聪明孩子的人缘还特别好,他们常常会是朋友中的核心人物。

一些家长在孩子读小学时,还给孩子一些玩耍时间,可上了初中后就看得紧了。得知我女儿是玩着上完小学的,有的媒体记者和家长就问我:在小学可以玩着过,但上了初中可就没那么容易了,到了初中还能玩吗?

我就告诉他们,范姜国一上了初中当然就不能像上小学的时候那样玩了,课程多了要学的内容也多了,需要占用的时间势必也多,所以玩的时间要逐渐减少。但是我依然可以保证:范姜国一仍然是中国初中生中玩耍时间较长的一个。

即便现在女儿已经上高中了,但她每周依然有足够的玩耍时间,比如在家里上网、看电视、玩各种棋牌,参加室外体育活动以及前文中谈到的和同学相约出游,等等。

好家长·要牢记

不告诉孩子具体的安全防范措施,而是一味地禁锢,是不科学、不明智的做法。

其实我也不想撒谎

孩子来信

老师,您好! 我想请教您一个问题,是不是撒过谎的孩子就不再是好孩子了?

这个问题在我脑海里纠结了很久,可是始终都找不到答案。这使我非常苦恼,以至于晚上睡觉都睡不好。

我是一名即将升入初三的学生, 学习对我来说似乎是最重要的事情,可事实并非如此。在我的心里,音乐才是我的梦想。我喜欢唱歌,喜欢那些跳跃的小音符。我想要写一首属于自己的歌,我相信有一天我可以做到。

可是……尽管音乐是我一直以来的梦想,我却并没有付诸行动努力实现梦想。

今年夏天,我终于看到了实现梦想的小希望。不知道东子老师有没有看今年的"快乐男声"。这个节目里有一个带着牙套的男孩,叫谭杰希。他拿着一把吉他,边弹琴边唱着自己写的歌,这个画面深深地触动了我,我想我的未来也一定可以像他那样,自己抱着吉他,站在耀眼的灯光下演奏……

我的梦想一旦"爆炸",就没有办法再被压制了,于是我和妈妈提出来想要一把吉他。经过我的软磨硬泡,妈妈终于答应,如果这个学期的期末,我各科成绩都能达到80分以上,就给我买吉他。当晚我开心得简直睡不着觉,可是第二天我又郁闷得睡不着觉了。因为我的成绩严重偏科,尤其是英语,每次考试基本都徘徊在及格线边缘,想要达到80分,真是非常难的一件事情。

于是,从我和妈妈约定的那一天起,我就拼命地看英语。我早早起来背单词,晚上听着"听力"入睡,做很多很多的习题……可是时间太短了,只有不到两个星期的时间。最后,我的英语成绩是76分。当我看见成绩单的时候,我的泪水差点冲出了眼框,仅仅是4分之差。难道因为这4分,我刚发芽的梦想之花就必须再被掩埋吗?可是已经发芽了呀,又怎么能扼杀掉呢?于是我做了一件让我十分后悔的事情——我改动了我的成绩。

回家的路上,我跑了两家文具店,买到了一只和老师一样的红笔,在她潦草的"7"上面加了一笔。于是"7"变成了"8"。我把卷子给妈妈看,经过我那一笔,我所有科目的分数都在80分以上了,妈妈一张一张地看,脸上挂着笑容。看到我的英语成绩一下子涨了将近30分,妈妈笑着说,物质的诱惑真是巨大的,丝毫没有怀疑我的意思。当时我的心剧烈地跳动,我怕她多看一眼,看出那个"8"是我改动的,我怕她发现我卷子里面的"×"有点多,总之我怕她发现我在说谎。

不知是做贼心虚还是怎么的,我忐忑不安地睡了一晚。结果第二天,妈妈还是看出了我的小手段,她不仅没有给我买吉他,还把我狠狠地骂了一顿,说我不争气,学习不行,就知道玩,是个只知道撒谎、没出息的东西……

☀ 东子给家长的建议

家长要了解孩子为什么撒谎

人人都撒过谎,但却没有哪个人愿意撒谎,无论他是大人还是孩子。

大多数情况下,我们的撒谎行为都是不得已而为之。当然,就算是不得已,撒谎也是不对的。比如信中的这个男孩,如果他不去涂改分数,而是直截了当地对家长讲明实情——他为此付出了很多努力,但是距离标准还是差一点,看看家长能不能通融一下。在这种情况下,家长不仅会满足孩子的要求,而且还会为他的进步感到高兴。可遗憾的是,这个男孩却用了卑劣的手法来满足自己,真可谓偷鸡不成蚀把米。

其实,几乎每个孩子都撒过谎,但并不是说有过撒谎的行为,就说明孩子存在严重的问题。所以,家长千万不要因为孩子撒谎就对他失望,对他全盘否定。孩子撒谎本身并不可怕,只要家长能够正确认识这件事,充分了解孩子撒谎的心理,采用有效的教育方法,孩子就能够正确认识并改掉撒谎的毛病。

根据青少年心理特点,我认为孩子撒谎主要有五个原因,首当其冲就是安全需求。

这是马斯洛需要层次论中,除本能需求之外的第二层需求。人为了保护自己,往往可以不惜一切代价,当然包括撒谎。医生要给一个三岁的小孩打针,孩子会用手捂住屁股说:"我没有屁股。""你没有屁股那就打手吧!"孩子又会把手背到身后说:"我也没有手。"这时如果医生给他一些好吃或好玩的东西,他一定会用双手去接。

其实孩子知道自己既有屁股也有手,但他怕疼,为了避免打针的疼痛,所以就撒谎说自己没有屁股和手。这个谎撒得虽然不高明,但却用最简单的事例证明了人总是趋乐避苦的。

中小学生正是自我意识形成的重要阶段, 所以这个时期的孩子自尊心都很强。因此,也就构成了撒谎的第二大原因:满足自尊需求。青少年的自尊心主要表现在与成人寻求平等、逆反心理强等方面。由于很多孩子的这种心理需求得不到家长的满足,于是他们往往便会通过撒谎来引起大人的重视,以达到自己的目的。信中这个男孩就是为了满足自尊需求,而谎称自己得了高分的。

另外, 我认为虚荣心理是导致孩子撒谎的最重要的原因。比如,一个孩子考了 80 分,为了不丢面子而对别人说考了 90 分;再比如父母给孩子买了一件 100 元的衣服,为了显示家中富有,他可能说这件衣服是 150 元或 180 元买来的。有个住校的初中女生,因为学习成绩差,有一次考完试,她找了家打字社,把班上所有学生的成绩都打印上(当然要把自己的成绩提高一大截),然后拿回去给自己的亲戚朋友看。这都是虚荣心理在作怪。

除了虚荣心理,模仿心理也对孩子的身心健康具有很大危害,它同样会诱使孩子撒谎,而这种心理催生出的谎话隐蔽性很大,不容易被揭穿或暴露。孩子们的模仿对象有大众传媒、同学、老师以及父母,父母有时是主要的模仿对象。比如孩子的妈妈身体很好,可为了出去办自己的事,就谎称自己有病,有时甚至开假诊断书请假。孩子耳闻目睹之后自会如法炮制,甚至技高一筹。

有的孩子因为自己的需求通过正常途径得不到满足, 所以就通过撒谎来达到目的。这就是导致孩子撒谎的第五大原因:满足需求心理。信中这个男孩就是为了得到自己的心爱之物,不惜涂改学习成绩,其实说得直白一些,不过就是要满足自己的需求心理。

家长要对孩子进行诚实教育

针对这些诱使孩子撒谎的心理,家长又该怎么做呢?

首先,我认为我们要以身作则。孩子撒谎有时家长要做自我反省,看一看是不是自己在某些方面做得不好,给孩子留下了可乘之机或作出了不好的榜样。无论答案是与否,家长在孩子面前都应该严格要求自己,自已不撒谎才能教育孩子不撒谎,身教重于言教!

我一直在强调与孩子平等交流的重要性,这里又要重申一下。家长一味居高临下地俯视孩子,自然加剧孩子的紧张恐惧心理。如果做错了事,为了逃避责打,唯一的办法就是撒谎。很多家长都忽视了这一点,没有做到与孩子平等交流,所以孩子就逐渐养成了撒谎的坏习惯。

因此,家长一定要注意温情教育。对于撒谎的孩子必须严肃指出其错误,并进行必要的批评,但这种批评绝不是简单粗暴的打骂,而是动之以情、晓之以理的温情教育。比如孩子偷拿了同学的MP3,回家却说是自己捡的,你可以问他是真的很喜欢这个MP3吗?如果喜欢的话,爸爸妈妈可以给他买个新的,让他把"捡"来的MP3送回去,而且要注意跟孩子讲道理,告诉他诚实是一种美德,而撒谎既不道德也有损身心健康,还可以给他讲一些撒谎者最终遭人唾弃、自食恶果的故事,以此帮助孩子改掉撒谎的毛病。

再比如信中的这位家长,当她发现孩子撒谎以后,只是一味地责骂,这种做法所产生的效果往往适得其反。同时这位妈妈自己也必须要反思,如果不是当初很轻易地答应了孩子,是否就不会出现这样的结果?对孩子的承诺,一要看孩子的要求是否合理,二要看你对孩子的要求是否符合实际情况。孩子的要求如果不合理,即便考的分数再高,也不该答应孩子的要求;如果孩子确实有所需,即使考的是零分,也该满足孩子。

正面教育的力量不容小视,所以家长一定要坚持。在纠正孩子的撒谎行为时,要注重奖励(主要是精神奖励)孩子的诚实行为。在日常生活中,父母要善于发现孩子的诚实之处并及时加以表扬,奖励他的诚实行为,让孩子体会诚实更受欢迎,撒谎必遭人厌恶。如果信中这位家长注重这方面的教育,孩子就不会通过撒谎来达到自己的目的了,那样岂不两全其美?孩子得到了渴望已久的心爱之物,而家长也培养了一个诚实的孩子。

事实上,孩子说谎具有合理与不合理的两面性。从本质上看,说谎并非都是坏行为。可是,说谎也确实往往给人们带来不良后果。家长对孩子善意的说谎不但不能批评,相反还要给予积极的表扬和鼓励。只有不合理的说谎,家长才应该对其进行教育和疏导,以培养孩子的诚实品质。

由于孩子的说谎心理是复杂多样的,我们对他们的教育也不能千篇一律,应视情况而定。这不仅需要对孩子说谎时的心理情况加以分析,还要求家长们要根据孩子的心理特点对其进行教育。在教育过程中,应该给孩子多一些爱心、信心、耐心以及恒心。

总之,对于撒谎的孩子,只要家长理性看待,在学习和生活上多关心他们,巧妙地引导和教育他们,坏习惯就可以改掉。

好家长·要牢记

> 对于撒谎的孩子必须严肃指出其错误,并进行必要的批评,但这种批评绝不是简单粗暴的打骂,而是动之以情、晓之以理的温情教育。

请不要阻止我的爱好

❀ 孩子来信

东子叔叔,您好!

我是一名刚满十三岁的男孩,今年上初一。从小到大,一直听长辈夸我乖,但是今年,我做了一件很不"乖"的事。

翻开我家的相册,里面有很多我小时候的照片。照片中的我,做着各种奇奇怪怪的动作,都是我跳舞的时候妈妈抓拍的。那时只要我家一来客人,我总会被要求跳上一段,之后便是掌声和夸奖声。后来,随着年龄的增长,开始不好意思在客人面前"献丑"了,但是那种对舞蹈的喜爱,就像一粒种子,埋在了我的心里。所以,当老师告诉我们,学校的舞蹈队要招纳新成员时,这粒种子,便破土而出了。

我虽然从小就喜欢跳舞,但却从未进行过专业学习,要是参加了学校的舞蹈队,以后我就是个会跳舞的人了,仅这一点,就足以让我兴奋得睡不着。还好参加的男生并不多,所以,我很顺利地成为了校舞蹈队的一员。

放学后,我飞奔回家,想要快点见到妈妈,和她分享我的快乐。可她的表现跟我想象的完全不同。我以为她会为我高兴,可是她却不让我留在舞蹈队里:"不好好学习,为将来打基础,竟然跑去参加什么舞蹈队,简直是瞎胡闹!"

"妈妈,我是真的很喜欢跳舞,小的时候,您不是常夸我有天分吗?"我哀求道。

妈妈生气地站起来:"你还知道自己不是小孩子?光长个儿,不长脑子是吧!一点志气都没有,还好意思跟我说喜欢跳舞!你是个男孩,竟然说自己喜欢跳舞,你不嫌丢脸,我还怕传出去丢人呢!"看着妈妈激动的样子,我也只好先答应她,不参加舞蹈队了。

后来,我还是瞒着妈妈去舞蹈队练习。我并没有什么天赋,但是学习舞蹈的时候,我觉得非常开心。但是没过多久,这样开心的日子就被妈妈无情地剥夺了。我在舞蹈队训练的事情被妈妈发现,我央求妈妈,并保证这次演出完,就离开舞蹈队。因为现在队形已经确定了,突然退出,是给老师惹麻烦。她却不以为然,说这是我不听话的后果,只能自己负责。的确,我是没有按照她的意思去做,但她为什么就不能想想我的感受呢?

第二天,舞蹈老师特意来找我谈话,说我以后不用再来排练了。还说快期末了,还是学习要紧。后来我才知道,妈妈竟然跑到学校去,还把老师质问了一番。得知了原因之后我和妈妈吵了起来,这是我从小到大第一次冲她发火。

我就这么一点点爱好,她都不让我拥有,还编出"男孩子跳舞很丢人"的理由,目的无非是怕我耽误学习。我真不知道,我是为什么要好好学习?整天和我说以后工作不好找,只有上了好学校才有出路。可是我才十三岁啊,离找工作是不是远了点?再说跳舞有什么不好,那些每天在电视里跳舞的人,就没有出息吗?跳舞就是他们的工作,有什么不好啊?

☀ 东子给家长的建议

家长要摒弃传统观念

这是一个可爱的小男孩,也是一个乖孩子,在这里东子叔叔要告诉你的第一句话就是:男孩子跳舞不丢人!

一些家长也许不认同我的这种说法,其实,最初我也和大多数家长一样,认为一个男孩子(男人)在台上蹦蹦跶跶的太柔弱,有失男人应有的阳刚之美。后来,随着视野的开阔,我渐渐地感到男孩子(男人)跳舞一样可以很优雅、很有气质,一样身姿挺拔;而且跳舞不仅能提高舞者的艺术鉴赏力,同时也是一项很好的体育活动,能强身健体、保持青春活力。所以,舞蹈不应是女孩子的专利。

"跳舞是女孩子的事",这是很多人的老观念。社会和家庭也把"男孩子不适合跳舞"、"男孩子跳舞会变得娘娘腔"这些不成文的条规灌输给孩子,并彻底扼杀了男生热爱舞蹈的苗头。有一个学校,要出一个集体舞的节目,要选八男八女参赛,报名的学生竟然清一色都是女生。当问到几个男生为什么不报名时,几乎得到一致的回答:男生怎么能跳舞?

其实,男性不仅能跳舞,还且还能跳出大名堂呢! 我国著名舞蹈家黄豆豆就是其中之一。这个浙江温州男人,毕业于北京舞蹈学院,现为上海歌舞团艺术总监、国家一级演员。他跳舞跳出了国门,他的阳刚之美为他赢得了众多赞誉,并且他还是中华全国青联委员、上海市青联副主席、中国舞蹈家协会理事、华东政法学院兼职教授。

所以,男孩子跳舞也能赢得尊重、获得成功。

舞蹈是人们表达情感最古老也是最直接的方式,它既能提高孩子的音乐感知力和表现力,又能提高孩子在音乐方面的参与和交流能力,从而增强孩子的自信心。

要想让孩子自信快乐地成长,家长就必须摒弃传统的偏见,冲破思想的樊篱,依照天性培育我们的孩子。每个孩子都具有特殊的天赋与才能,不管你看见与否,这些天赋才能就在那里,是你无法抹杀掉的。

身为家长,我们不可以去压制孩子的天性,应该为其提供适当的机会,让他们去释放、去尽情地享受天性给他们带来的乐趣,唤起他们的热情和表现力,教育的根本就在于充分尊重和顺应儿童的自然"天性"。

当孩子的爱好和大人的价值观发生冲突的时候,一些家长就要开始实施高压政策了,这是很不明智的。每个人都是独立的个体,就算是再亲密的关系也有可能产生不一致的想法,此时,我们要彼此尊重。特别是当家长的想法和孩子的想法产生分歧的时候,更要注意心平气和地沟通,即便再不喜欢孩子的爱好,也不要强硬压制,而是要讲明自己的看法,最后让孩子去选择。当然了,爱好相对学习来讲算是副业,求学阶段还是要以学业为主。

家长要尊重孩子的兴趣爱好

家庭教育是一个系统工程,是一个涉及社会环境、家庭环境、父母受教育水平、父母对事物的认知态度、孩子先天生理现象、智商等诸多方面的综合性问题。不可能有一种固定模式,也不可能人为地设计一种模式,更不能用一种模式去施教于每一个孩子。

所以,因材施教、因人而异,切忌机械地模仿照搬别人的教子经验。但有一点是属于共同范畴的,那就是"兴趣"。一个人如果对一件事产生兴趣,那么往往会事半功倍,做得得心应手,同时他的心情也是愉悦的、思路是清晰的、反应是敏捷的,兴许还能创造出更多奇迹。

很多家长都遇到过和信中这位家长一样的麻烦,难道他们没有发现孩子的兴趣所在吗?不,不是的,他们只是担心兴趣爱好会影响学习,或是出于其他方面的考虑,便竭力阻止和破坏孩子的兴趣发展,这是得不偿失的。对于孩子的积极兴趣,做父母的应该给予尊重和支持,不要轻易伤害孩子内心的热情。

写到这,我想起了一个曾经看过的故事。一个班上有两个同学都很喜欢小汽车,他们经常利用课余时间摆弄一些汽车模型或看一些跟汽车有关的书籍,但他们各自的家长却对这一爱好持两种截然相反的态度。

一方家长的处理方法简单粗暴:他们觉得孩子玩汽车模型会影响学习,于是只要发现孩子的书包里有汽车模型,就统统扔到地上踩碎。结果,孩子表面上听话了,可实际上并没有停止对汽车模型的喜爱,只是由公开转入了"地下",家里不让玩就在学校上课玩,最后这个孩子无心听课、无心做作业,学习成绩明显下降。

而另一个孩子的父母并不反对孩子的这一爱好,他们还特意买了很多画册和小汽车模型送给孩子。无论哪里有车展,都带他去参观,并因势利导地对他说:"制造高质量的汽车,需要许多先进的科学技术,你现在爱好汽车模型,就要立志做一个汽车设计师。要实现这个目标,就必须努力学习。可你现在做作业总是马马虎虎,计算又不仔细,以后怎么会有所作为呢?"从此,这个孩子的学习劲头比以前更足了。

不同的教育态度和方法会产生不同的教育结果。可见，对于孩子的兴趣爱好，家长不能不分青红皂白地粗暴阻止，这样做非但收不到想要的效果，反而会使孩子产生逆反心理，不愿和家长讲心里话。像信中这个孩子的家长这样，非常强硬地阻止孩子参加课外活动，是极不利于孩子成长的。如果孩子的妈妈能够尊重孩子并引导他学习、兴趣两不误，也许再过十年，中国会多了一位优秀的男舞蹈家。即便这个孩子将来不从事相关工作，但是这段学习舞蹈的经历也会给孩子带来其他收获。

孩子喜欢某一样事物，作为家长首先应该帮助孩子分析利弊，若是积极有益的，那就可以鼓励孩子适当地投入一些时间到兴趣爱好当中去，父母可以在一旁加以正确引导和培养，以此为基础将兴趣逐渐提高并加以升华，让孩子懂得只有认真学习，才能更多地了解自己感兴趣的事物，才能做自己想做的事。

每个人都有自己的爱好，只要这个爱好不是恶的，不给他人和社会带来不利影响，我们都应给予尊重。

好家长·要牢记

当家长的想法和孩子的想法产生分歧的时候，更要注意心平气和地沟通，即便再不喜欢孩子的爱好，也不要强硬压制，而是要讲明自己的看法，最后让孩子去选择。

您是否也该换位思考

🌼 孩子来信

东子叔叔,您好!我今年十一岁了,正在上小学五年级。都说小学生的生活轻松,可我却不这么认为。

在学校,我是学、学、学;在家,我是写、写、写——做完老师留的作业,还要做妈妈布置的作业。说是写完作业就可以看电视或是出去玩,可好不容易作业做完了,也到了该睡觉的时间了。我不仅没有自主的课余时间,而且还严重睡眠不足。我活得真累呀,就像耕地的老黄牛,一直往前走,不时还要被妈妈抽上几鞭子。您听了这话一定会觉得我这是在夸大其词,是啊,一个小学生怎么会有那么多压力呢?

虽然刚刚升入五年级,可是我已经学了七年英语了。老师换了好几个,教材也读了好几种。每天晚上必须背会十个单词,不然我妈就不让我睡觉。而且我还学了三年的舞蹈,这意味着我每个休息日都要雷打不动地去舞蹈班签到,平常在家吃完晚饭,我还要在妈妈的监督下练半个小时的"形体"。对了,每周日晚上我还要去老师家学习钢琴,这是我这个学期新增设的"项目"。而且我妈妈说,还要送我去学跆拳道和画画。我的天啊,想想我就头大,因为我现在就已经觉得时间明显不够用了,在家要时刻接受我妈的监督完成她安排给我的任务,以致在课堂上经常犯困,精力不能集中。要是上了初中我妈还要给我加课,那我还怎么活啊……

我常常想,我要是拥有超能力就好了,或者有个"多啦A梦"也行,至少它能给我不会犯困的药丸。可是现实终究是现实,就算是不用睡觉,也只会有更多做不完的事情,我一定会被累死的。

但是妈妈却只能看见我偷懒,永远也发现不了我的努力和付出。其实我已经很累了,或许她把我想象的和她一样"强壮"了吧!妈妈每天看着我学习,自己白天还要上班、做家务,都没听她喊一句累。可是我只不过是十岁的小孩子,哪有她那么厉害啊!她怎么就没想到呢?好歹现在我还算是个儿童,"六·一"的时候学校都给我们放一天假呢,只可惜这宝贵的一天我却在"字母的海洋"里挣扎,那二十六个字母组成的"无限可能",简直能把我给淹死……

唉……真不知道这样的日子还要过多久,我那口口声声说爱我的妈妈,为什么就不能站在我的角度想想呢?

☀ 东子给家长的建议

换位思考才能更好地了解孩子

很多孩子在很小的时候就能背出"不识庐山真面目,只缘身在此山中",稍大一点以后又会背"当局者迷,旁观者清"。我们在对待事物、解决问题的时候,都习惯用比较单一、主观的思路进行思考。虽然家长都知道让孩子背古诗有好处,但又有多少家长能在教给孩子古诗的同时,自己也"学以致用"呢?

换位思考,就是指一方在作出涉及另一方的决策之前,不但能考虑到对方的情况,而且还能站在对方的立场上思考问题。企业的管理者要站在员工的角度去思考问题、解决问题,才能够顺利找出矛盾,对症下药;若是站在客户的角度,根据客户的需要作出决定,就能发现和满足客户真正的需求,赢得客户的信任,建立和提升品牌形象。

家庭中的诸多矛盾和问题,均可利用"换位思考"轻松化解,对孩子的教育也是如此。很多家长都为无法了解孩子烦恼不已,而在我看来,这个问题极其简单,只要不时地把自己和孩子的位子换一换,站在他们的角度考虑一下,问题也就迎刃而解了。

相信很多家长都像信中这位妈妈一样,不了解孩子的实际情况,不顾孩子的承受能力,一味地给孩子加压,把孩子累得身心疲惫,苦不堪言。如此一来,不但影响孩子的身心发育,就连家长所期望的学习效果也很有可能达不到。

我们大多数家长在教育子女的时候,喜欢告诉孩子应该怎么做、如何做,但是却不告诉孩子为什么这样做,只是把我们成年人认为的一些理所当然的东西强加给孩子。结果呢,事情往往会向着相反的方向发展:让做的没有做,不让做的倒是都做了。在我们抱怨孩子不能体恤家长良苦用心的时候,我们是否也应该在关心孩子的吃、穿、学之余,试着去了解一下他们的内心呢? 所以,我认为我们的家长很有必要与孩子做换位思考,站在孩子的角度上去看孩子的问题。

换位思考是亲子沟通的最佳方式

在现实生活中,很多家长或老师教育孩子都喜欢用"体罚"这招。我接触过的很多孩子都曾被体罚过。例如某同学在作文中用错了一个字,老师罚他将这个字写一百遍,这样的情况我想您肯定不会陌生。现在这个"权利"的行使者的范围又扩大了,一些家长也逐渐喜欢上了这个教育方式。可是就算写上一千遍,除了让孩子厌烦,还有多大的教育意义呢?试想,如果您做错了一件事,领导罚您再重复去做一百遍,您又是何感受呢?

家长学会与孩子换位思考,可以使我们更好地了解孩子的心理需求,感受他们的情绪,从而进行有效沟通;也可以让我们揣摩到孩子的心理,抓住重点对孩子进行说服教育;更可以让我们发现孩子的优点,有利于我们家长树立科学的教子观,鼓励、支持孩子做自己喜欢的事,拓宽孩子的发展道路。

有这样一个小故事,说的是一个人搭乘火车,上车后坐在一个靠窗的位置上。火车刚刚缓缓开动,他不小心把一双新鞋中的一只掉在了车窗外。有人说,你快跳下去捡鞋子!可他非但没有跳下去捡鞋子,反而把另外一只鞋子也扔了下去。人们议论纷纷,都说他太笨了。而他只是以一种淡然平静的口吻说:"在你们看来,我或许真是很笨。但是跳下去捡鞋子有两种可能:一种是我安然无恙,鞋子也捡回来了,但是我却耽误了行程;另外一种就是在我跳下去的瞬间,我摔断了腿,或者成为了轮下之鬼。而我把鞋子扔下去,别人捡到的就是一双鞋子。"

生活中的许多事情都是很复杂的,它们之间可能充满了矛盾。正是因为这样,人们的关系往往在和谐与非和谐之间摇摆不定。为了消除人际间的不和谐因素、减少彼此间的矛盾,我们应该学会"扔鞋",懂得换位思考。

孩子总有孩子的道理

我曾经看过柳亚子回忆鲁迅的一篇文章,文中说鲁迅有一次在家里宴请几位朋友。席间,鲁迅的独子周海婴将一粒丸子咬了一口,又吐了,说是变了味。但是客人们当时并没有感觉到,于是许广平便怪海婴调皮,客人们也都在想,这孩子怕是被惯坏了。鲁迅却不这么认为,他夹起海婴丢掉的丸子尝了尝,果然是变了味的,他感慨地说:"小孩总有小孩的道理……"

读到这儿,心里真是感动,而且久久不能平静。从这件小事就可以感受到鲁迅先生深沉的爱。在众人面前鲁迅没有摆家长的架子,没有照大人的常情,勃然大怒,伸出大手在海婴的屁股上猛击几下,或是"横眉冷对"。

我深深感动于鲁迅先生的那句话,"小孩总有小孩的道理"。我们是大人,在生活中,我们被操纵在"大人"的思想下,用大人的眼光看问题。我们竭力剔去身上的幼稚,尽量把自己装扮得成熟一点、老练一些。面对孩子,我们掩饰起曾有的纯真童心,对于他们的世界表现得有点不屑一顾。"我走过的桥比你走过的路还多"。我们开始用自己成长中累积的生活经验,来评定孩子之中的是是非非了。我们用成人的思维作为标准,为孩子定下奖惩制度,并由此在小孩子中寻找师道之尊、父母权贵了。

苏轼的《题西林壁》中有名句"横看成岭侧成峰",可在教育孩子时,我们从没有想过,自己要换个角度,站在孩子的立场上考虑问题,从而审视自己的教育方法是否有错误。我女儿的语文书中有篇课文叫《绿色的金鱼》，我没见过绿色的金鱼，相信大家都没有见过，可是课文中的学生却说："现在没有，以后会有的。"对，在高速发展的社会没有不可能会出现的东西。

所以我想，一些家长的责骂肯定抹杀了孩子的很多新奇的想法。我们常提倡人与人要换位思考，真诚的沟通才能相互理解。作为家长，为了教育好孩子，不是应该更多地与孩子换位思考吗？如此，家长与孩子之间才能走得更近，才更容易对话，亲子关系才能更融洽。

好家长·要牢记

家庭中的诸多矛盾和问题，均可利用"换位思考"轻松化解，对孩子的教育也是如此。

您是普通人，为何让我做超人

✿ 孩子来信

老师，您喜欢听音乐吗？我可是超级喜欢听音乐的。听音乐的时候，我的心是放松的，它可以让我暂时忘掉现实带给我的所有烦恼。

没有音乐听的时候我就自己哼唱，我最喜欢《三年二班》这首歌，我反复哼着："这第一到底要多强，到底还要过多少关，可不可以不要这个奖……"

我现在读初二，是所谓的尖子生，每次考试都是班级第一，老师们都很喜欢我，同学们也特别羡慕我。按理说，我的爸爸妈妈也应该以我为骄傲，可他们似乎并不这么想。

我刚上初中的第一次考试，就考了全班第一，爸爸妈妈知道后特别开心。以后再考试的时候，妈妈就不问我班级的排名了，而是问我在年级排第几名，一个年级里500多人，考第5名的时候，妈妈要我加油，考第3名的时候，她让我再努努力，考第2名了，她还是不太满意，于是问我："第一是谁，咱比他差什么？"

我不知道我比第一名差什么，也不想知道。我很想问妈妈，全校第一有什么用？假若我考了全校第一，妈妈恐怕还要让我成为区里的第一、市里的第一吧?

妈妈当初不是连大学也没念,可是现在的工作也挺好的;爸爸在学校里教书,难道他会要求自己的每一个学生都考第一吗?我的爸爸妈妈都只是普通的人,妈妈在单位不是第一,爸爸在学校也不是第一,可是为什么他们非要让我成为"第一"呢?就算我可以一直进步,但是总会有人比我强,什么时候才是个尽头啊!恐怕只有成为"超人",才能达到他们的愿望吧!

就算是超人也不会是全能啊,在别的人眼里,我已经算是学习很好了,可我的爸爸妈妈却并不满足,在他们眼里,我不但要学习好,还要有特长,免得别人说我是书呆子,只知道学习。于是,我还要在周末去学画画。画画是需要心静的,我觉得非常不适合我,我根本不能静下心去画什么作品。可是没有办法,若是画不好,妈妈就会很难过,好像特别失望的样子,为了不让她对我那么失望,我也只好硬着头皮去做我不喜欢做的事情。

我只不过是个普通的孩子,并没有过目不忘的能力,想要考出一个好成绩就要比别人付出更多的努力。别人玩的时候,我要预习功课,要背课文,要练画画;别人学习的时候我更要加倍地努力。上课老师总要叫我回答问题,下课同学有问题也经常来问我,回到家妈妈还要不断地给我施加压力……

☀ 东子给家长的建议

学习成绩不是检验孩子学习好坏的唯一标准

大多数家长都和信中的这位母亲一样,认为只有学习成绩好的孩子将来才会成才,才能有出息。但他们忽视了一点,那就是每个人都具备多种能力,只是突出点不同,学习成绩好的孩子,只能证明他的学习能力、记忆能力比较强,但这只是个人能力的一部分。学习成绩不好的学生,并不能说明他们的管理能力、组织能力、创新能力、策划能力、交际能力等方面都很欠缺。

虽然书本知识很重要,分数也很重要,但是我们应该清楚地认识到,在成才的路上,书本不是唯一获取知识的途径,分数肯定也不是衡量一个人优秀与否的唯一标准。成才的关键涉及知识与能力、个性与特长、书本知识和操作能力等方方面面的问题。

我们应该以多元的理念来指导家庭教育。看孩子不仅要看他的学习态度、学习成绩,还应该看到他其他方面的智能。一个人成才与否不仅仅要靠优秀的成绩、不一定要靠升上重点中学,更不一定要靠考上大学。

天生我材必有用,成绩好的孩子可以成才,成绩差的孩子同样也可以成才!

我女儿依依的学习成绩总是变化不定,这主要是跳级和频繁换校造成的。孩子最初的学习成绩不错,每次考试都是班里的前几名,后来跳级了成绩却回落到中等,再后来经过几个月的努力,成绩又渐渐升上来,跃居到了前几名,而后再跳级也是如此。由于工作需要,我的居住地点不是非常固定,孩子就跟着我不时地转学,学习成绩也是回落再升起,再回落,再升起……

在这里,我把我的一篇博文分享给各位家长看,文章的标题是《女儿名次下降的积极意义》。

昨晚,女儿依依放学回来,沮丧地对我说:"爸爸,今天我要告诉你一个悲痛的消息。"这孩子每天回来都有消息播报,而且总会带上修饰词,什么好消息、坏消息、快乐的、悲痛的……

我笑着问她:"孩子,怎么了?什么消息那么悲痛啊?说来让爸爸听听。"

"这次期末考试,我的成绩下降了,而且降了很多。"

我依然面带微笑地问她:"究竟降多少啊?"

"从年级第7降到了第16。"

"哦,这也不错嘛!"我安慰她道,"既然是考试,总得有个高低上下之分,也不能你一直升,别人一直降吧!成绩和名次有些变化很正常。"

"这个道理我也知道,可是我看到同学和老师的那种眼神,感觉很不舒服。"孩子有些无奈地说。

"这也很正常,人总是有些世俗的眼光嘛!爸爸不是一直和你说,考多少分排第几名都是次要的,只要你身体好、心情好,其他都无所谓。况且你现在的成绩已经非常不错了,我们要知足常乐呀!"

"可我怕老师找我谈话,问我为什么没考好。"

"那就实话实说嘛!"我走进厨房后说,"好了,孩子,我们开饭!"饭后我们又小叙了一会儿,一起看了会儿电视,然后孩子便回房间看书去了。

我们不妨辩证地看待孩子成绩的下降,到头来你会发现,这对孩子的积极意义远大于消极意义。表面看这是一个悲痛的消息,但由表及里,我们会发现这未尝不是一件好事,如同"塞翁失马"一样。

以依依为例,她上高中一年半以来,大小考试一直是只升不降。从刚入学的第600多名(依依初中读了两年半,又玩了半年写了一部新书后才上的高中，当时学校没有分文、理科，年级共有1000多学生)，到一年级第二学期文、理分科后的第100多名(文科生共400多人)，再到年级47名、29名、22名，直至上次期中考试的第7名。

由于跻身前10，孩子被评为"学习标兵"，班主任和科任老师都看好依依，甚至认为她具备冲击第1名的实力，由此对她寄予厚望，孩子对此也是信心满满。但我心里清楚，由于孩子不断跳级，基础并不是太好，她的好成绩主要源于浓厚的学习兴趣和有效的学习方法的双重作用力。她不是神童也不是天才，成绩回落反复是必然的。所以，我在激励孩子的同时，一再告诉她："你在进步，别的孩子也在往前赶，任何人都不可能永远保持领先，我们既要和他人比也要和自己比，一定要有平和的心态。"

学习不是只看成绩，只要你掌握了知识并能应用，考的分数多点少点也没啥。还是那句话：孩子身心健康比啥都重要！

在亲切友好的气氛中，我和依依结束了这次关于"名次下降"问题的交流，最后我们的对话是：

"爸爸，下次我一定还要考进'前10'。"

"我感觉把目标定到'前15'更妥些。"

"呵呵，好吧，但我要争取。"

"好啊。"

"耶！"

补遗：今日孩子放学回来，又高兴地说今天成绩单下来了，昨天的通报有误，她的名次应该是第13名，呵呵！

　　我始终认为孩子的学习成绩差几分、十几分甚至几十分,对孩子的成才影响不大,关键是要孩子"学会、弄懂、能用"。教育的最终目的不在于孩子学了多少文化知识,考了多少分,而在于他是否成为一个完整的人、一个全面发展的人。

千万别让孩子成了学习的"机器"

　　我们不少家长只知道让孩子学习、考试,为了取得好成绩,一些孩子已经被训练成了考试"机器",信中的这位家长,就是要把孩子打磨成学习的"机器"。

　　记得我的一位朋友跟我说,她女儿经常要做什么练习册,还要月考、双月考、季考、期中考,每天还要做默写、做口算,写作业要写到凌晨,她还得亲自陪着,考不到双百分,女儿急得直哭。我的这位朋友早早就给女儿规划好了"十年计划",她常说,小学的基础打不好,初中就竞争不过别人,然后就上不了好高中、考不上好大学,最后找工作都有困难……

　　按照这种想法,我都能感觉到孩子的沉重压力。家长这么年年月月地担忧,难道不累?这位朋友还经常跟我提到她自己读书时候的事情,看得出来,她也觉得孩子怪可怜的,可是依然不敢有丝毫的放松。谁敢拿孩子的前途开玩笑啊?

　　于是,抓学习成了家长的主要任务。全身心陪孩子学习,甚至放弃工作陪孩子到异地求学的家长越来越多。一味地逼迫孩子学习,因此而酿出悲剧,类似徐力弑母的事件屡屡发生……

　　我的一个亲戚家的孩子正读高二,是一个很用功的孩子,学习成绩很优秀,每次考试都排在前三名。家里人很为他骄傲,认定他能考上重点大学,他也把考重点大学当做自己奋斗的目标。每次去他家,都会看到他把自己关在房间里埋头苦学。我很钦佩他的毅力,很想和他聊天,却又不忍心打扰他。

有一次,可能实在是太累了,我见他摘下深度近视眼镜,疲惫地揉着太阳穴,闭上双眼长叹了一口气。我叫他休息一会儿,并和他闲聊起来。我问他,每天这样学习,快乐吗?他摇摇头:不快乐。那每天应付那么多考试,你愿意吗?他继续摇头,但摇头后他说了一句话:"为了考大学,再不快乐、再不愿意我也甘心去做,哪怕真的成了考试的机器,只要能提高成绩,我也愿意!"

我一时语塞。看着他重又走回到书桌前,重又深陷于题海中,我的心里竟然感到酸酸的。正处于花季年华,可他的背影却露出太多暮气。为了高考,他竟然愿意放弃快乐、放弃憧憬、放弃多彩的生活,甘愿成为一台学习机器,可见素日里他的心灵接受着怎样的"洗涤"。

考试至上、成绩至上,正是这样的理念造成了教育的急功近利性,不考虑孩子的个性发展,更不尊重孩子的兴趣、特长,既不符合教育的本质,也违背了教育的规律,而且如此培养"考试机器"的教育方式,剥夺了孩子宝贵的童年快乐。更严重的情况是,孩子们会因为感受不到学习的快乐而产生厌学情绪,快乐指数直线下降,直至为了逃避考试而放弃学习。

有知足家长才有快乐的孩子

作为家长,要学会乐观地看待问题,应该懂得知足常乐,那样也会给孩子带来快乐。

信中的这位妈妈实在是过激了。孩子已经有不错的成绩了,干吗还要逼迫她呢?这样的结果是你累孩子苦,最后只能事与愿违。

孩子学习成绩相对较好，应该为孩子高兴，给予孩子热情的鼓励，告诉孩子不要骄傲，要继续虚心学习；而不是不顾孩子感受，一味地逼迫。

在此，我也替孩子问问这位贪心的妈妈：您在单位处处表现都第一吗？您在亲戚朋友中是最优秀的吗？从孩子来信的叙述中不难看出，您也是一位普通女性罢了，那么您又为什么强求孩子处处第一呢？换一句话说，您是普通人，干吗非要孩子做超人呢？

我们曾经都是孩子，现在回想一下，当年我们的父母这样要求我们了吗？如果也是这样要求的，试想一下我们的心理感受又是如何？

我也是家长，我也有孩子，我从未要求孩子非考第一不可。我对女儿依依的学习要求很简单：第一要学会基本知识，第二要在生活中得以应用。至于具体的分数和名次，我没有特别要求，只是告诉她不要扯班级的后腿，要保持中上等水平就可以了。其实我和大多数家长一样，也希望孩子考满分得第一，但我从未当面要求过她考多少分、得第几名。结果呢？她的学习成绩一直是班级的前几名。

由于跳级的缘故，女儿依依也曾经考过很差的成绩，甚至还排过全班倒数第一。那是孩子刚升入初中时的英语摸底考试，她只考了30多分，名副其实的全班倒数第一。我没有骂她，更没有打她，因为我知道，这个时候她需要的是鼓励和肯定。

分析考砸的原因远比一味指责更重要。我告诉依依，她从烟台来到大连，课本版本不一样，知识衔接有漏洞，而且之前在家学习的一年，英语多少有点被忽视了。另外，《玩过小学》出版后，社会活动太多，占用了不少学习时间……这些都是客观原因，考得差并不是说她有多笨，或者英语基础很差。所以，要对自己有信心，以后知识衔接上了,我们再找一个英语家庭教师强化一下,增加英语的学习量,相信很快就会追上其他同学的。

孩子听了我的话,充满信心地点头:"嗯,我想我也不比他们差,我相信我会追上的!"随后的期中考试,孩子的英语成绩一下考了 110 分,期末考了 133 分。现在孩子学习英语的积极性很高,每天都投入极大的热情。作为家长,如果在孩子哭泣、灰心的时候,我没有鼓励她,而是训斥她,现在孩子会是怎样的一种学习状况呢?这就是鼓励的作用,一句简简单单的表扬,激发了一个人潜在的上进心和自信。

"比上不足,比下有余。"我时常这样安慰我的孩子,目的就是要告诉她,人要知足常乐。我们做家长的,既要让孩子看到自己的不足,也要让孩子看到自己的优势所在。要横着比也要竖着比,要和他人比也要和自己比。

欲望是个无底洞,贪婪会使人坠入深渊。人之所以不幸福,很大程度上是因为企求的太多,心态放平和一些,就能知足常乐,孩子就会快乐,家庭就会幸福。

好家长·要牢记

教育的最终目的不在于孩子学了多少文化知识,考了多少分,而在于他是否成为一个完整的人、一个全面发展的人。

异性之间的交往很正常

孩子来信

东子叔叔,您好!我是个性格开朗的女孩,很爱说话,上课积极发言,下课和同学聊得"热火朝天"。可是最近一回到家,我的"话匣子"就自动关上了。面对爸爸妈妈,我无话可说。

以前常听同学埋怨父母整天疑神疑鬼,没想到,这种事也会发生在我身上。

上周一出门的时候,我发现自行车前胎没气了,一检查才看出来车胎被扎了,于是只好把自行车交给爸爸,自己挤公交车上学。去的时候还好,晚上回来的时候,公交车上的人特别多,差点没挤上去,还好我只坐四站地。快下车时,我很小心地往门口"挤",可还是在刹车时踩到了前面的人。我连忙道歉,那人回过头来说的却是:"咦?怎么是你!"我抬头一看,刚刚踩到的人,竟是三二班的文体委员,没想到我们竟然住在一个小区里,他每天都坐公交车,我天天骑自行车,所以,之前从未在上学的路上遇到过。

因为顺路,我们很自然地聊起来,从中国的人口,说到政教处主任的心理问题,甚至聊起小区里一个奇怪的阿姨……不知不觉间已来到我家楼下,于是我们互道了一声"明天见"便各自回家了。

推开家门,我便问爸爸,自行车修得怎么样了。爸爸阴沉着脸甩出三个字"修好了"。可是他的表情却像在说"自行车报废了"。再看看妈妈的脸色,好像两个人刚吵完架。为了避免他们"殃及池鱼",我保持沉默,并乖乖地帮妈妈端菜。为了不让持续走低的"气压"影响心情,吃完饭,我准备马上回自己的房间。可刚起身,就被爸爸叫住了。他放下筷子,示意我坐下,接着又喝了一口水,仿佛有什么重大的事情要和我谈。在他没开口的这几秒里,我的心像悬着一块大石头。他深吸了一口气,说道:"孩子,爸爸今天要跟你谈谈早恋的问题……"听了爸爸的第一句话,我全身紧绷的神经一下子就放松了,还以为家里出事儿了呢,原来只是给我打"预防针"。我靠在椅背上,看着父亲严肃的表情……

爸爸说的那些关于早恋的"陈词滥调",班主任都说过好几遍了。所以,我笑着打断他:"爸爸,您放心吧,我不会早恋的,女儿的情商还没达到那个高度呢!"说完,我便起身,准备回房间写作业。还没等我站稳,爸爸就严厉地喊道:"给我坐下,你这孩子,怎么还学会说谎了?"我吓了一跳,不明白爸爸为什么突然这么生气。这时,一直没有出声的妈妈开了腔:"你还敢犟嘴,刚才我都看到了!"

"看到什么了?"我反问道。

爸爸更加生气了:"还狡辩,你妈妈在阳台上都看见了,一个男孩子送你到楼口,还和你说明天见,你敢说,没有这事儿?"

唉……原来说的是这个呀,我把事情的原委和爸爸妈妈讲了一遍,并且强调了自己绝对不会早恋。爸爸妈妈又问了一些问题,可是无论怎么问,事实就是事实,我也说不出别的来。

本以为这件事儿就这么过去了,谁知第二天放学,妈妈就开始了对我的"严防死守"……为什么和男同学聊个天,爸爸妈妈都要搞得"草木皆兵"啊?

☀ 东子给家长的建议

青少年异性交往不等于"早恋"

这是一个聪明、可爱的孩子。她的苦恼可能大多数处在青春期的孩子都曾有过。所以,作为家长,我们应该帮助孩子处理好与异性的正常交往。

我们既要反对"男女授亲不亲"的封建观念,又要注意"男女有别"的基本事实。要告诉孩子,交往的双方只要是出于同学间的友谊,就可以堂堂正正地接触,但要注意彼此的分寸,要有节制、有礼貌。

既可个别交往,更要提倡群体交往。异性孩子间的交往,常常会出现一对一的个别交往。要告诉孩子,如果对象仅限于某一个人或某个小范围内的人,那么可能会失去与大多数同学、朋友的接触机会。现代青少年应该多交朋友,多交几个性格、兴趣迥然不同的朋友,多进行社会活动。只有这样,才能更加深刻地体会人与人之间的纯洁情谊,才能互相帮助,共同进步。

青少年与异性同学的广泛交往,对他们自身的学习、思想都有促进和帮助作用,也有利于振奋情绪。而异性同学之间长期的、专一的交往,言谈由浅入深,由一般到特殊,这样会由本来正常的同学交往发展为"一日不见,如隔三秋"的相恋。广泛的异性交往则能避免孩子陷入早恋的误区。

要告诉孩子什么是友谊、什么是爱情,这是我们无法回避的东西。何况即使有了异性朋友,也不见得就是在谈恋爱。即使孩子们有了"早恋"现象,只要我们正确对待,宜疏忌堵,开诚布公地和他们沟通,孩子们还是愿意和我们交流的。我们不仅要学会做孩子的父母,还应学会做孩子的朋友,做他们成长路上的向导。

即使孩子真的"早恋"了,也没必要大呼小叫地发脾气。如果发现孩子已经陷入早恋,家长千万不能用讥讽、责骂甚至惩罚的方式来对待孩子,更不能冲向学校、对方家中,或向邻里诉苦,弄得满城风雨。最好的办法是理解孩子、体贴孩子,加以引导,要耐心地倾听孩子的诉说,并给予孩子热情、严肃的忠告。

家长在了解到孩子的早恋情况以后,要做好自我心理调适,要加强对孩子的指导;做到沉着审慎,不急躁训斥;能够正视早恋,以冷静的心态分析孩子早恋的原因;要以平等、真诚、信任的态度对待孩子,多尊重、关心、理解孩子。如果家长产生了恼怒、发火、气愤等心理状态,千万不要把它发泄在孩子身上。应多了解一些青春期的教育知识,以提高认识,调整自己的不良心态。

孩子在成长中不能没有异性朋友

作为家长不应该反对孩子交异性朋友,我们应该支持和帮助他们正确地对待异性朋友。"一个人可以没有金钱和名利,但一定要有朋友"。不管是同性朋友还是异性朋友,都应该真诚地同他们交往。他们也许会给孩子在生活和学习中带来很多帮助,对孩子的一生起重大作用。但是交朋友也不能盲目,应该把握好度,要告诉孩子,不是每个人都适合成为自己的朋友的。

现实生活中,有些家长只要知道孩子有了异性朋友就紧张得不得了,生怕孩子"早恋"影响学习。其实,这种担心在大多数情况下是多余的。处于青春萌芽期的孩子,从对异性产生好奇进而喜欢与异性交朋友,这是正常的现象,不必大惊小怪。家长在孩子有了异性朋友这个问题上,一定要端正态度,不能一味地"上纲上线",而应进行正确的引导。否则,你越是把它视为洪水猛兽,最后产生的结果往往也就越糟糕。

父母也是过来人,我们都有第一次交异性朋友的经历,对于孩子交异性朋友,应该抱着一种理解、尊重和支持的态度。男、女生可以互补性格缺陷:女孩子需要男孩子的自由与豁达让自己不致狭隘,男孩子则需要女孩子的细腻沉静让自己不致粗俗。所以,禁止孩子与异性交往或者因此向孩子发难,不仅会伤害孩子的自尊心,还易造成心理偏差,影响孩子将来的人际交往和社会适应能力。

只要家长、老师不大惊小怪,正确看待这个问题,孩子自己不牵强地赋予它某种形式,男孩、女孩的友情并不都会影响学习,相反它还可能是努力学习的动力。

我就是本着这样的思想对待女儿与异性的交往的。所以,孩子从小到大都有异性小伙伴,但是随着年龄的增长,异性伙伴日渐减少(这也符合儿童心理的成长要求),尤其是知心朋友,几乎都是同性,但是这并不表示她就没有异性朋友了。其实孩子的异性朋友很多,只不过大多是一般朋友,最知心的还是小姐妹。

女儿上高一时住校,周末回家总是大包小裹的,从教室到校门口有很长的一段距离,每次我都能看到有男孩子帮她拎包提袋。我问过依依,那些挺阳光且懂礼貌的小伙子都是谁呀,孩子说都是班里的同学。我为女儿能拥有异性朋友而高兴,更为她能交到阳光、热情的好朋友而高兴。

好家长·要牢记

　　家长在孩子有了异性朋友这个问题上,一定要端正态度,不能一味地"上纲上线",而应进行正确的引导。否则,你越是把它视为洪水猛兽,最后产生的结果往往也就越糟糕。

第 3 篇

爸爸妈妈，您能尊重我吗

为啥总看我日记、短信

孩子来信

亲爱的东子叔叔,您好!

我是通过您的女儿,范姜国一的《范姜国一的快乐初中》认识您的。那本书真的好有趣,看得我一边哈哈大笑,一边止不住地羡慕啊!而且我只比依依姐姐小几天呢,所以有一种同龄人的亲切感……0(∩_∩)0哈哈……

其实刚看完书那一阵就想给您写信,只是不知道该说什么。但是这段时间有件事一直困扰着我,无法找人诉说,就只能希望您来教教我该怎样面对了。

不是自夸,我真的是一个好学生。这个学期,我通过努力,终于进入校团委成为了一名学生干部,那里的同学也都是成绩好、表现好的"精英"。

一次偶然的机会,我跟团委里一个特别优秀的男生成为了好朋友。他不是我们班的同学,所以我们就常在周末用短信聊天。我们说的大多是关于梦想的话题,也常会交流学习方面的问题,当然还会扯一些娱乐八卦之类的。他对于我来说真的就如同"蓝颜知己"一般,很有共同语言,而且他也是一个真诚、成熟的人。要说好感,我们相互之间都有,只是我们都明白如今最重要的是学习,所以我们从不谈"爱",仅仅只是经常鼓励对方要好好加油,用功学习。

本来一切都很好,但自从我爸爸妈妈看了我的短信记录、知道了我和那个男生经常联系后,他们就很生气,不仅告诫我不要与他来往,甚至还要没收我的手机,说是怕耽误我的学习。可我知道,这根本就没有他们想的那样严重,我们现在只是朋友,没有其他任何想法。我想跟父母说清楚,可他们根本不理会。我真的很珍惜这份友情,我不想失去这个难得的朋友,更不想别人因为我而受到伤害。而手机对于我来说很重要,它是我与朋友、同学沟通的工具,为了这件事情,我很烦恼。

我上小学的时候,有一个很好的习惯,就是写日记。我常常在上面涂涂画画,表达自己对人、对事的看法。那本日记,就像我的秘密基地一样,记录着我每一天的心情。有一天,我发现日记本的封面,看起来很别扭。经过仔细检查,发现原来是上面的"洋葱头"(卡通形象的名字)粘反了。"洋葱头"是一张塑料贴纸,后面用的是不干胶,可以粘在日记本的塑料封面上,但并不能贴得很结实,掉下来之后,还可以再粘回去,所以我常常把它贴到不同的位置上。可不管是粘在哪里,我绝不会把它倒过来粘。我感觉是有人动了我的日记本。

这件事情,我并没有去问妈妈,就算问了,她也不一定会承认。于是我换了个日记本,是那种带密码锁的。这样,既不会冤枉别人,自己也能安心。可是让我意想不到的事发生了。就在我换日记本的第二个星期,我的日记本坏了,本子和锁头的连接处,被人硬生生地掰开了。

　　我非常生气,把日记本拿到正在织毛衣的妈妈面前,问是不是她弄得。妈妈看看本子,淡然地说:"我正想说你呢,一个小孩子,有什么秘密,还弄了个密码锁。"

　　"你凭什么呀? 这是我的本子。"我很生气。

　　"凭什么?你的本子怎么了,不是花我的钱买的吗?我看看怎么啦!"妈妈还是专心地织毛衣,看都没看我一眼。

　　"你这是侵犯我的隐私。"我大声叫着。

　　"你一个小孩子,能有什么隐私? 我就看了,告诉你,以后不许给我弄这种带锁的,你有什么秘密不能叫你妈知道!"

　　我气得冲进自己的房间,重重地把门摔上了。从此,我再也没有写过日记……

☀ 东子给家长的建议

爱孩子,就要尊重信任孩子

　　这是一个聪明可爱,而且还很懂事理的孩子。像这个孩子遇到的问题,在我们身边很常见,也许您就是这样的家长。如果您也曾这样做过,那请好好反思一下:为什么为了孩子着想,却得不到孩子的认同呢?

　　作为家长,我们必须要明白一点:爱孩子,首先要尊重信任孩子。尊重和信任,是现代教育的第一原则。尊重信任孩子,意味着要爱护他们善良美好的心灵,意味着一种涵养和宽容待人的品格。尊重信任孩子,就要尊重孩子的隐私权,孩子的随笔、日记、信件、短信,未经允许不要随便翻看。同时,要尊重孩子的正当交往需要,当然包括与异性同学交往的需要。

有很多家长朋友跟我说,他们非常想和孩子做朋友,想和孩子心与心地交流,但孩子总是有话不和家长说,家长想了解孩子都费劲。孩子有了隐私,许多做父母的总是千方百计地去窥探,做出翻抽屉、看日记、拆信件、查短信等听起来很可笑的事情。殊不知这种做法会伤害孩子的自尊心,给孩子带来沉重的精神压力,甚至会产生敌对情绪,对家长采取全方位的信息封锁和防备措施,导致亲子关系的恶化。

理智的做法是尊重孩子的隐私,给他们一个自由的空间,但这并不等于放任自流。对孩子的隐私要给予适度关注、积极引导。

首先,主动以平等的态度与孩子多交谈,谈父母在像孩子这么大年龄时的所思所想、成功与挫折,甚至谈一些当初的隐私,谈自己对事物的看法和想法,倾听和征求孩子的意见和建议,使自己成为孩子可以信赖的朋友。一段时间后,孩子自然会愿意把心中的秘密告诉父母,这样才能了解和掌握孩子的隐私,给予必要的指点和帮助。

其次,要培养孩子的自我教育能力。获取有关孩子隐私的信息,即使发现一些不好的事情,也不必大惊失色进而殴打辱骂,可以与孩子一起讨论理想、事业、道德、人生观、价值观等问题,引导孩子自己悟出为人处世的真理,提高孩子依照规范调整自己行为的能力。有了这种自我控制能力,一些隐私中的危险隐患,都有可能自我排除。

爱孩子,就要保护孩子的隐私

还是先和大家说说什么是"隐私"吧。按我的理解,宽泛一点说,隐私就是不想让人知道的事,具体到每个人是有差别的。但是任何事情都有个约定俗成,隐私也是如此。对于未成年人而言,我认为:学习成绩、学习名次、家庭情况、身体状况、心理情绪等都属于隐私。当然这里有一个隐私的专属对象问题,同样一件事情,对于甲是隐私,对于乙可能就不是隐私。比如孩子的学习成绩,对于别人是隐私,而对于老师和家长就不是隐私了;再比如孩子的身体状况,对于别人是隐私,而对于家长就不是隐私了。有时隐私对同样是家长的父母双方也会"区分对待",不想对爸爸说的隐私可以让妈妈知道,或者不想对妈妈说的隐私,却可以让爸爸知晓。

这"隐私"说来还真蛮有趣的,以至于派生出来一个法律专业名词——隐私权。

孩子长大了,有了不愿告诉人的或不愿公开的个人私事,即孩子有了个人隐私。

说到"隐私",许多人马上就能理解其含义。保护隐私,人们总觉得是成人的事,与孩子根本没关系。但东子却认为,未成年人也有隐私,每个成人都要尊重孩子的隐私,都有保护孩子隐私的义务。

孩子该不该有自己的秘密呢?孩子能不能对家长有隐瞒呢?家长应该怎样关心自己的孩子,尊重孩子的隐私权呢?在关心和侵害之间,又如何寻找平衡呢?

一个秘密很多的人是不会幸福的,而一个没有秘密的人同样也不会幸福。所以,幸福的人生是需要有秘密存在的。

大人都有自己的隐私,工作上的、生活上的、情感上的……孩子也同样有属于他们的隐私。他们的隐私也许是珍藏的一粒漂亮的石子,或是对小猫、小狗才能说的小秘密,也有可能是同学之间的小纸条,生日时小朋友送的小礼物,等等。孩子从有了隐私的那一刻起,便有了自我意识。也许年幼的他不知道这属于隐私,只是要独享这份快乐或悲伤,不愿与他人分享。即便身为父母的我们非常好奇孩子的一言一行,也不能急于求成,而是要用足够的耐心和恰当的方式与孩子互动交流,在取得孩子的信任后,你自然会一步步地走进他们的内心世界。

既然是孩子的隐私,我们就要对孩子做到最起码的尊重与信任,要给孩子留有空间。2007年的暑假,我们全家一起回乡下老家。女儿整天提着个白色的小包,自从姐姐给了她那个精致的包后,它就成了收藏秘密的地方。依依把自己所有喜欢的、珍视的东西统统装进了这个包里,睡觉时放在枕边,出门时藏在奶奶的大柜里。起初,我出于好奇,想探个究竟。心想,什么东西能让女儿当宝贝似的如此悉心呵护呢?她一个十岁的孩子心里到底装着什么样的秘密呢?

女儿见我要走近她的"宝物",便一下子冲到前面把包紧紧搂在怀里,一脸挑衅地说道:"这是我的东西,不能随便看,爸爸要尊重别人的隐私权。"我笑着说:"爸爸不动你的宝贝,只是想看看里面装的什么东西,下次爸爸就可以多买一些给你了。"女儿听后半信半疑,最终还是"诱惑"战胜了"理智",自豪地展示了她的秘密。只见里面装着满满的东西,有钱包、各种饰物、MP3、彩笔、图画书、钥匙链、小玩具,里面居然还装了梳子、头花和小镜子。看着女儿的悉心收集,让我不得不对这小妮子刮目相看,我根本没有想到,她会将自己的这片小天地打理得如此井井有条、干净利落。

得到了女儿的信任,我的好奇心也得到了满足,同时,我对女儿的了解又加深了一步。在没有侵犯女儿隐私的前提下,让女儿如数家珍快乐地、心甘情愿地与我分享她的小秘密,这难道不是家长的成功吗?你可千万不要小瞧这样的"成功"啊!正是在此之前我懂得了如何保护孩子的隐私,并学会以沟通的方式与孩子拉近距离,所以才能走进她的心灵城堡,这个成功得来不易!

保护孩子的隐私就是尊重孩子的人格

很多家长都认为孩子越大越不听话,再也不会像小时候那样,什么事都和父母讲了。有的家长发现孩子有事背着自己——比如把同学之间的书信和日记放到装了锁的抽屉里——他们就会感到不安,怕孩子染上坏毛病。于是不同的父母在关心孩子的时候就会有不同的表现。有的家长就如信中的这位母亲一样,认为小孩没有什么隐私,自己想怎么做就怎么做;而有的家长则对如何处理孩子的隐私表示很困惑。

我从事心理咨询工作多年,接触了不少来进行心理咨询的中小学生。其中有相当一部分孩子都表示家长曾经有过偷看日记、偷听电话等侵犯自己隐私的行为。尊重孩子的隐私,教育孩子保护好个人的隐私,是父母的重要职责。孩子有了隐私是成熟的一个标志,家长应该学会尊重。家庭是孩子最安全的港湾,如果父母窥探孩子的隐私,不仅会使亲子关系出现隔阂,更危险的是极易使孩子产生过激行为。孩子有独立的人格和心理,应该给他们独立的空间,家长不要私探他们的隐私。尤其是孩子进入青春期后,随着成人意识的增强,他们的隐私内容也会发生变化,而且隐私的范围将逐渐扩大。家长关心孩子的心情是可以理解的,但过度的保护和干涉是极不妥当的。以强迫命令的方式来要求孩子对家长没有任何隐瞒,是会让孩子的心灵受到伤害的。

保护孩子的隐私就是尊重孩子的人格。这方面做好了,孩子才会把你当成他们的知心朋友,才会告诉你他们的秘密,才会高高兴兴地接受家长的帮助和教育。

尊重和保护孩子的"隐私",从本质上说就是尊重和保护他们的自尊心。在日常生活中，大人的一言一行都需经过大脑"过滤"，切莫在信口开河中无意"揭"了孩子的"隐私"，伤害了他们的自尊，进而对其心理造成严重的负面影响。

有人会问："要这么说，那就得一切由着孩子了？孩子的私事家长也不能过问了？"

当然不是这个意思。过问是要过问的，但要明确"指导思想"，讲究教育方法。在尊重孩子隐私权的前提下，让孩子自觉自愿地与你谈他的小秘密。隐私是具有一定的相对性的，自己的私事对一些人是隐私，对另一些人可以不是。隐私可以转化，不信任你时是隐私，信任你了就可以不是隐私。家长要争取得到孩子的信任，使孩子主动、自愿地披露心事。

家长应该是子女最可信赖的朋友。如果孩子把心里话告诉你后，得到的不是真诚理解和有效指点，而是"授人以柄"之后的尴尬与被动，下次他怎么还会信任你呢？其实，孩子是喜欢沟通、也需要沟通的，不然他为什么会花钱用咨询电话去和陌生人交流呢？

请给孩子的心灵留下一点自由的空间吧！为了孩子也是为了您自己！

好家长·要牢记

> 尊重孩子的隐私，教育孩子保护好个人的隐私，是父母的重要职责。孩子有了隐私是成熟的一个标志，家长应该学会尊重。

我写作业不需要您来"站岗"

孩子来信

叔叔您好,这是我第一次给别人写信,心里还真有点忐忑呢!

我是一名小学五年级的学生,虽然年龄不大,但我也是有烦恼的,所以我写信给您,目的就是和您说说我的烦恼。

我妈妈整天都待在家里,她的工作就是"看着"我(这是经过我的观察得出的结论)。每天我一放学,她就贴过来,问长问短的。虽然有那么一点点烦人,可她是我的妈妈,关心我也是可以理解的。不过若是她的关心过了头,对我来说就是一种烦恼了。

比如说,她经常看着我写作业。写作业本来就要集中精力,可如果身边总是坐着一个人看着你写,就感觉怪怪的。谁在别人的注视下能够专心地做事情呢?至少我是不行的。为此我和妈妈郑重其事地谈过,她也接受了。可是她接受后也只是不坐在我旁边,根本没有明白什么叫做"打扰"。自从我不让她坐在我旁边"看着"我以后,她便隔几分钟来"拜访"我一次。比如说送个水啦,问我晚饭吃什么啦……总之就是各种很牵强的理由。其实说白了,就是想看看我有没有在学习。

101

我不明白，难道我做事情就这么不让她放心吗？我只是写个作业，就算我在中间开个小差，不过是再多写一会儿，有必要这么监视我吗！况且她这样一趟一趟的就只能分我的心，让我写得更慢。

有一次我在自己房里写作文，门突然就开了，却不见有人进来。我一抬头，原来是妈妈趴在门缝里看我呢，当时把我吓了一跳，结果就是思路全都没了。然后，我理直气壮地和妈妈发了脾气。因为我觉得我是对的，所以我并不惧怕什么。

通过这件事情我又明白了一个道理，"不惧怕"是没有用的，因为你不惧怕对方对方不一定就会认输。可想而知，我的"起义"失败了。并且败得十分惨。妈妈只用了一句话，我就无言以对了。她说："我就是看着你，怕你贪玩。"

听完她这句话，我简直不知道说什么好了。事情确实是这样的，我也知道，可是从她嘴里说出来，就变得完全不一样了。这根本就是对我的不尊重嘛，完全无视我的心里感受。于是我沉默，不想和她再多说一句话……

☀ 东子给家长的建议

让孩子烦恼的家庭作业

在应试教育的重压下，要出分数，就需要进行大量的机械式操练，比如布置下堆积如山的作业。好多学校的领导都把检查作业当成重要工作来做，逼着老师留作业，而家长也跟着"起哄"，每天跟在孩子屁股后面"看"作业。老师如果留作业少了，领导不高兴，家长也不乐意。所以,老师不得已(当然主观上也希望通过多做作业提高学生的考试成绩)每天都要布置大量的作业,这给孩子造成了很大的负担。

几乎所有"家有读书郎"的家长都能达成一个共识:现在的孩子作业是越来越多,每天放学不用干别的,只管埋头写作业,总要写到夜里十点才能忙完。可是你要留心问一下,他们都在写什么作业,无非是抄写课文、做许许多多大同小异的习题。很多时候,你会觉得老师的作业布置得实在没有意义。

我女儿依依上了初中后,就很少有玩耍的时间。回到家放下书包就"扑"到书桌前,除去吃晚饭的时间,睡觉之前基本都在写作业。

每天写作业的时候,我总能听到女儿无奈的叹息。小小年纪发出那么沉重的叹息声,听得我心里一阵阵发疼。有几次,已经过九点了,孩子的作业还没写完。我"强迫"她放下笔上床睡觉,孩子说什么也不肯,"作业写不完,明天上学老师会罚的,到时候罚写的作业更多!"我向孩子保证:"明天我送你去学校,我跟你们老师解释,老师不会罚你的。"孩子终于放下作业上床休息了。

可是,第二天早晨醒来,想到自己的作业没有写完,孩子竟然不敢去上学了。磨蹭着不肯走,带着哀求的眼神看着我:"爸爸,不然你给老师打电话,就说我身体不舒服,晚去一会儿好吗?"

"为什么?"

"我好把作业补完呀!"从小被我教育"做人要诚实"的女儿,在这个时候竟然想用说谎来为自己争取写作业的时间,可见孩子的心理压力有多大。

于是,像在小学的时候一样,我找校长、找班主任,要求女儿的作业"缩水",那些重复性的作业可以不做,如果作业布置的内容早已烂熟于心,也可以不做,这样总算把女儿从作业的"泥沼"中解救出来了。

可是,像我女儿这般幸运的孩子太少太少了,大部分孩子每天都在题海中艰难地喘息,被作业剥夺了本应属于他们的快乐。

孩子们的作业到底多到什么程度?又给他们带来怎样的痛苦?

有这样一幅漫画:一个小女孩惊慌失措地奔跑着,后面是一只凶恶的老虎在紧紧追赶。老虎的身上写着两个大大的字——作业。

这幅漫画的主题很鲜明:作业猛于虎,孩子们想逃,却怎么也逃不出猛虎的凶爪。

家长要放手让孩子自己完成作业

为了让孩子保质保量地完成作业,很多家长不惜牺牲自己的工作时间和娱乐时间,全身心地"看"着孩子写作业,甚至陪孩子一起熬夜。我战友的妻子和我的侄女,都是属于"看"着孩子写作业的"尽职"却不合格的家长。

我不赞成为了监督孩子做作业就陪孩子一起熬夜的行为,道理很简单,这样做于事无补啊!孩子的作业量不会因此减少,孩子熬夜的时间照样还是那么长。

换位思考,如果你在单位工作,你的领导总是站在你身边"看"着你工作,或时不时过来指指点点,你的心情会怎样,工作效率又会怎样?

这种做法,其一是对他人的极大不信任、不尊重;其二还会分散被"监督"者的注意力。所以,孩子写作业为其"站岗",只能事与愿违、适得其反。

除了为孩子"站岗",还有一些家长竟然主动"请缨上阵",帮助孩子完成作业。

陪孩子写作业、帮孩子改错题……不少家长把许多应该孩子自己做、且能够自己做的事揽在了自己身上。据天津市家教研究会对372名中小学生及其家长所作的调查发现:66.2%的家长会"陪着孩子写作业",而71.2%的家长则要"检查孩子作业并帮助改错题"。

当下,陪孩子写作业已成了许多家长的必修"功课"。特别是在小学生家长中,这更是一种极其普遍的现象。陪着孩子做作业,会使家长对作业的参与度过高,不利于孩子养成良好的做作业习惯。孩子会觉得回家还有家长辅导,所以上课也就不认真听讲;而且做作业时也容易马马虎虎,因为不管对错,反正写完还有家长逐题检查……

家长陪孩子学习的时间越长,所扮演的角色就越接近监工。陪孩子写作业,不是在培养孩子的好习惯,而是在瓦解好习惯,是对孩子自制力的消磨。我们不该做这样的陪学家长,那会让孩子丧失"斗志",在学习上一遇到困难就想向家长求援,不愿意主动解决,这怎么能锻炼孩子的意志呢? 遇到有难度的题目,不自己动脑筋,不愿多思考,总想让家长帮助解决,这样如何培养孩子的刻苦钻研精神?越俎代庖直接替孩子解决困难,只会使孩子丧失解决问题的能力。

所以,我们的家长要学会思索,爱要理性,教要科学。要放手让孩子自己去独立完成作业,使孩子养成良好的学习习惯,创造高效的学习效率。

好家长·要牢记

陪着孩子做作业,会使家长对作业的参与度过高,不利于孩子养成良好的做作业习惯。

我上网不需要您的"陪伴"

孩子来信

东子叔叔，您好！

我今年十一岁，是个爱玩爱动的男孩。我的爱好有很多：踢球、下棋、画画……但我最喜欢的还是上网。自从三年前家里添置了电脑，我便对这个复杂的"家用电器"产生了浓厚的兴趣。开始的时候，爸爸每天只要一回家，就打开电脑玩游戏。我只能眼巴巴地看着他玩，等他不在家的时候，我才能玩一会儿。渐渐的，爸爸发现我对电脑的好奇，便开始教我一些简单的操作。高兴时还陪我玩会儿双人的网页游戏。那时候，我觉得电脑真是个好东西，又能学习，又能娱乐，天下似乎再也没有比它更有意思的玩意儿了。

从我开始学会上网，我就一直按照爸爸妈妈的规定做，他们说上多长时间、只可以干什么，我都严格地执行，没想到妈妈竟然一直不放心我，常常过来"陪"我上网，有时本来她正在做饭，听到我开了电脑，马上放下手里的活急急忙忙地跑过来"看"着我。

您可以想象一下，比如您在电脑前玩个游戏，旁边有个人一直盯着你，这得有多不自在。我现在遇到的就是这样的问题，这个盯着我的人就是我妈妈。

开始的时候我还以为是因为我以前没上过网,她想指导我操作,我有什么不会的地方问问她也挺方便的。没想到,几年下来她一直这样。我现在对电脑知识已经掌握得非常全面了,完全可以自己独立操作,但是她还一直盯着我上网。虽然我没做什么不能叫她看的事情,可是她这样"看"着我上网,让我觉得特别难受。

她这样盯着我,就像看犯人一样,我认为这是对我的不尊重。如果我曾有过不良上网记录也算他们有道理,但我可是很乖的孩子,特别的听话。她这么做,弄的我浑身都不自在。

我也曾和爸爸妈妈抗议过,但是没用,他们说我还是小学生,干什么都要在父母的监护下,我怀疑他们说的不是真的。于是,昨天晚上吃饭的时候,我又跟他们提到了这件事情。

"你这孩子,怎么不知好歹呢?妈妈不是怕你学坏嘛!"妈妈毫不在意地夹着盘子里的菜。

"我会不会学坏,我自己还不知道?我认为您这是不信任我。"我回答。当时我已经气得吃不下饭了。

"我这是防患于未然。"

"可是您这样伤害到我了。"我很严肃地说,希望能得到妈妈的重视,可是她却依旧是一副不以为然的样子。

"你这孩子,你知道什么叫伤害呀?你们老师都说了,要随时了解你们的成长状况,发现问题,及时处理。我不看着你,怎么发现?"说着扒了一口饭在嘴里,"赶紧吃饭,别说那些没用的!"

我悻悻地放下碗筷,回到了自己的房间……

☀ 东子给家长的建议

要告诉孩子上网的意义所在

先给大家看一篇我从网上看来的帖子,这篇帖子的主题就是如何预防孩子上网成瘾:

一定严格控制孩子的上网时间,上网时要监督;电脑最好不要放在孩子的卧室里,而应该放在大人的卧室里,或者放在其他有锁的房间里,但钥匙一定要在大人手中;一定不能让孩子玩网络游戏,太容易上瘾了!

把电脑放到家长卧室、放到有锁的房间或是把网线拔了等做法,是一些担心孩子上网成瘾的家长惯常使用的,而这些做法其实是愚蠢至极的,绝对行不通。这样做不但起不到好作用反而会让情况越来越糟糕。因为家长的控制和干预会让孩子感觉更空虚,那他就会不惜一切代价去排解这种空虚,寻找机会继续上网。到那时,网吧将是他的首选。而网吧的环境对孩子的身心健康有害无利。

像信中的这位母亲一样看着孩子上网的家长,无非是怕孩子交网友、浏览不健康网站,或担心孩子沉迷于网络,而用"看着"这招挽救孩子,实在是下下策。

一般而言,孩子上网主要有三种活动:玩游戏、聊天、学习(查找资料)。至于这几种活动每项投入多少时间,那就要因人而异了。

女儿依依在这几项活动上所投入的时间长短不一,随着年龄的增长,我觉得可以将它分为三个阶段:幼儿期间只是玩一些益智类的小游戏;小学期间,是以玩游戏为主,聊天为辅,学习次之;而上了中学,则与小学时完全颠倒,是以学习为主,玩游戏和聊天为辅。

孩子在年幼时,玩耍是他的主要活动,所以这时候以玩游戏为主;因为孩子尚小,没有太多的人际交往和学习的需要,所以上网时基本不会聊天查找学习资料。到了小学阶段,孩子的生活中多了同学和小伙伴,并且此时已经有学习的需要,所以与网友聊天和查找学习资料就成了他们上网的内容之一。孩子进入中学后,随着年龄的增长、视野的开阔、学习任务的加重,玩耍已不足以吸引他们的全部精力,探求知识才是首选,所以这期间孩子上网的内容大多是与学习相关的事情,而玩网络游戏或与网友聊天就退居其后了。

依依就是这样一路开心上网走过来的,在收获快乐的同时,也收获了知识和友谊。

要放手让孩子去上网

"看"着孩子上网,累了自己,伤了孩子,真可谓得不偿失。家长的心情是可以理解的,可这样做的结果却往往与初衷背道而驰。正如孩子所言,这是对他不信任、不尊重的直接表现,我们要尊重、信任孩子,那就要放手让孩子自己去上网。当然也不能大撒把,要把上网的利害关系跟孩子讲明,并做一些科学合理的约定。如此一来,不仅尊重了孩子,更重要的是,还可以提高孩子的自我控制能力、鉴赏能力等综合素质,岂不一举两得。

孩子的自觉性相对较差,容易"网络成瘾"是事实,因此有的家长为了限制孩子的上网时间,就在电脑上装了一种限制时间的软件,或者亲自盯着孩子上网,把原本融洽的亲子关系搞成了紧张的敌对关系。如此一来,孩子苦,家长累,治标不治本。

作为父母,我们可以事先与孩子达成共识,让孩子知道在不影响学习的前提条件下,可以自行上网,但时间和内容要有所控制,一般一天最好不要超过两小时,以一小时为宜,周末和假期可适当增加一小时。这主要是让孩子知道,网络只是学习和生活的一部分,是一种辅助工具,过度上网或浏览不健康网页,不仅会影响学习,对身体发育也是有害的。

女儿依依从小就接触网络,从一开始,我就告诉孩子,用电脑绘图、上网玩游戏,都只是娱乐项目中的一种,玩一会儿就换一个别的游戏。后来孩子渐渐大了,可以用电脑和网络查阅学习资料了,我还是告诉她,这只是帮助你学习的辅助方法,无论是上网娱乐还是学习都不可时间过长,一定要控制在两个小时之内,最好在一小时左右。我没有为此盯着孩子上网,而是让她自己去把握,这种放手的信任,赢得了孩子遵守诺言的积极回应。所以,尽管依依天天接触网络,她也没有受到不良的影响,反倒是充分利用了这一集娱乐与学习于一体的工具,丰富了自己的课余生活。

依依利用网络开设了自己的电子邮箱、QQ 空间、个人主页和博客,与他人相互交流与学习。如今,上网已经成了她生活中不可缺少的一部分,网络陪伴着她健康成长。

网络是孩子学习的好帮手

进入新世纪,我们迎来了一个崭新的互联网时代。

现代社会,信息技术的发展突飞猛进,已经渗入社会及人们生活的各个方面。网络的建设,给人类带来了诸多的便利,如:买东西可以不用去逛商场,看书可以不用去图书馆占位置,甚至上学可以不用去学校……网上办公,电子商务往来——有了网络,工作的时候会更方便。不少中小学生也在网上冲浪中获得了无穷的乐趣。

我们要让孩子知道,网络的最大作用就是通过它来获取有益的资源,要有意识地引导孩子在网络上搜索自己需要的信息,并积极地应用到学习和生活当中去。

文明上网应以引导为主,预防为辅,家长不要把电脑视为洪水猛兽。只有我们做父母的首先自己学会如何正确使用电脑,学会科学上网,才能引导孩子健康上网。

家长可以多和孩子交流对网络上一些信息的看法,比如:网上有什么新闻啊、你怎么看待这件事啊,等等。要以平等的态度和孩子交流,从而知道他们的真实想法,同时也说说自己的看法,从侧面引导和教育孩子。

我如果在网上看到有依依感兴趣的新闻,我就让她过来一起分享,同样如果她看到什么有趣的信息,也会叫我与她分享,并且,看过之后还要交流彼此的想法。这既是利用网络学习,又是休闲娱乐,还增进了我们的父女感情。

好家长·要牢记

我们可以事先与孩子达成共识,让孩子知道在不影响学习的前提条件下,可以自行上网,但时间和内容要有所控制,一般一天最好不要超过两小时,以一小时为宜,周末和假期可适当增加一小时。

您的辱骂贬损让我很伤心·

孩子来信

我是在父母的蔑视中长大的。小时候我的成绩不好,爸爸就这样骂我:"你就是个白痴,说你白痴一点都不冤枉你;我这么聪明的人,不晓得怎么生出你这种蠢东西;像你这样的人,将来只能去要饭、扫大街……"

爸爸跟我说话一般都是命令式的。上小学的时候我很怕他;上初中以后,我觉得他自己也不过如此,所以我也开始蔑视他了,但每天见面还是很怕他,因为他除了给我脸色看,还会动手打我。到高中我就住校了,我故意考到了离家远一点的学校,这样我终于逃离了"魔爪"。

从进入初中,再到三年后离开学校,这期间我很少笑,也没有交过一个朋友。虽然我也希望能快快乐乐地学习和生活,和大家成为好朋友,但是我怕别人瞧不起我,所以只好一个人孤独地前行……

记得小学六年级时的一次数学考试我没考好,回到家后,我胆怯地从书包里慢慢地拿出卷子,然后小心翼翼地放在桌子上。妈妈看了后大声说:"67分,怎么考得这么差? 真是不争气!"我顿时吓了一跳,一下子哭了起来。

"还有脸哭呢!"她又大声喝道,我听了哭得更厉害了。

因为生气,我拿起卷子,三步并作两步回到屋里,"啪"地将门关上。事后,我觉得这样做很不对,于是就去向妈妈认错。

谁知,我刚想认错,她就对我说:"去,我没有你这样的儿子!"这句话,使我深感痛心。我想这不过是一次小小的考试,难道我真的就那么无可救药了吗?我心里乱极了,觉得什么都无法挽回。忽然之间,感觉自己成了一个废人,再也没有变好的机会了。我只得回到自己的房间,呆呆地坐在里面……

爸爸妈妈,我想对你们说,我的心已经不止一次地被你们伤害。你们难道就不能维护一下我的自尊心吗?你们就不能不用一些刺耳的话伤害我,使我无地自容吗?

我好希望像别人那样,偶尔和父母撒个娇,或者牵着爸爸妈妈的手散散步,说说学习和生活上的事……

☀ 东子给家长的建议

对孩子辱骂贬损是一种精神暴力

有一个孩子因为考试成绩不太理想,她妈妈就板着脸说:"你呀,也就是我自己的孩子,要不你该上哪儿就上哪儿去,我可不愿意看见这么没出息的孩子。"爸爸则说:"现在把你扔了犯法,早知如此,还不如在你妈肚子里的时候就把你打掉。"

113

这种贬损,对孩子是极大的伤害,也是对孩子人格的不尊重。苏联教育家马卡连柯指出:"教育只要擦掉孩子心灵上的灰尘即可,不要给他留下痛苦的回忆。"不要过多地指责孩子,在教育孩子时,更不要重提孩子过去的错误。

许多家长在孩子没有达到自己的愿望时,往往会通过辱骂、贬损的方式发泄自己的愤怒。极端点的,就会说"你就是个猪,整天就知道玩,像个傻子,就你那样,长大也是个废物,什么都不是";还有一种苦口婆心感化式的,一般都会这么说:"我们省吃俭用、拼命挣钱都是为了你,你还不好好学习,你对得起我们吗?我们算白养你了……"

家长为什么会对自己的孩子说出这么难听的话呢?其实,他们的出发点也是好的,从某种程度来讲也是在激励孩子,希望自己的孩子能够成龙成凤,唯恐被别人比下去。但是,由于不了解儿童的心理,以辱骂代"赏识",结果只能适得其反,使孩子误认为自己不是好孩子,自己处处不如别人,进而影响了自信心。

童年是一个人人格和个性形成的重要时期,父母的辱骂、贬损对孩子的健康成长负面影响极大,实际上是一种精神暴力。来信的这个孩子就是因为自小受到父母的辱骂、贬损,所以才会出现恐惧、自卑的心理。

从这个孩子的文字中我们可以看出,这对自认为什么都比孩子强的家长,看不到自己的不足,只一味盯着并放大孩子的不足,不能客观、理性地面对自己的孩子。东子在此要说:您的孩子需要的不是精神暴力,而是心灵慰藉。如果您能换种方式教子,自己轻松,孩子也会快乐!

对孩子的不足,家长要宽容,不要"贴标签"

金无足赤,人无完人。

人人都有不足,孩子亦然。这就需要我们有一颗宽容的心,尤其是肩负育人之责的家长。

宽容可以提供心灵氧气,宽容不等于放纵。宽容包含着理解、容忍等多个方面。责罚只会带来抵触和逆反心理,不利于改正错误。在指责中长大的孩子是不会宽容别人的,甚至会苛刻待人。宽广的胸怀是需要宽松的环境来孕育的。

孩子在成长过程中不可能不犯错误,关键在于家长站在何种角度来处理这类问题。我们应该摒弃辱骂、贬损等不文明的传统教子方法,在关爱的前提下,相互沟通,让幼小心灵受到震动,促使孩子主动认识错误所在,引导孩子主动改正,这才是教育上策。

"肯定"是孩子心灵成长的动力。孩子都期望得到家长的认可,一旦得不到肯定,内心的失望、失落乃至无助将会使他们失去方向感。家长应该换位思考,充分理解孩子对他人肯定的渴求,充分认识到"肯定"对孩子的心理激励作用。相信孩子,孩子才会健康成长。

信中的这个小男孩因为没有考出妈妈期望的分数而遭受责骂,他愤而离去,但是后来却能认识到自己的错误并且主动道歉。我认为本来家长的责骂就是错误的,孩子负气而去虽有不妥,但无大过,只是激愤下的本能反应。孩子不去道歉也无妨,孩子去道歉说明他很宽容。可这位母亲的表现却实在差劲,让人感到非常遗憾,为人父母却还不如孩子宽容,又有什么资格对孩子指手画脚!

所以，我们要学做好家长，和孩子一起成长，不能再自以为是了。

除却对孩子不宽容，我们的一些家长还时常给孩子"贴标签"，有的孩子总是被夸"好听话"、"好乖"，而更多的孩子则被说成"出息不大"、"不好管"。研究表明，不管是贴"好标签"还是"坏标签"，都是不利于孩子成长的。

现实中，有些家长是轻易给孩子"贴标签"，更多家长则是"乱贴标签"、倾向于给孩子贴"坏标签"，这其实更糟糕。"坏标签"会产生负作用，尤其当孩子年龄稍长、能自己判断一些事物、了解到"标签"的含义之后，"坏标签"就会带来一种不良的心理暗示，有些孩子就会想：我是坏孩子，以后肯定也不会有出息。

和其他暴力手段的恶果一样，遭受辱骂的受害者不仅仅是孩子，作为施暴者，家长也将自食其果。在一切暴力之下，都不可能有真正融洽的关系。

不要否定孩子将来的发展

人和人的沟通不仅可以靠嘴，其实在很多时候，还可以靠手势，即所谓的身体语言。不同的手势传递着不同的信息，甚至有可能还会是完全相反的两种意思。家长最常用的是食指，用食指指着孩子，同时还会说出一些难听的词：没出息、真没用、笨死了，等等。面对这样的谩骂训斥，孩子的心里除了难过、沮丧，还能有什么？父母是孩子在这个世界上最亲近的人，连父母都无法给自己勇气和希望，那让孩子去哪里找寻前进的动力？

虽然我和孩子在交流的过程中也时而用手指，但不是很多家长惯用的食指，而是蜷回食指伸出大拇指高高竖起，同时还要说些鼓励的话,诸如"孩子,你真棒"、"宝宝,做得很好"、"你的进步真大"、"我相信你会做得更好"……

家长不要经常指责、否定孩子,而要多给孩子鼓励,多给孩子支持,在孩子遇到困难的时候,要调动他们的自信心,引导他们鼓起勇气去面对困难,想办法去解决困难。不要轻易就对孩子说"不"。其实,往往是家长不经意的言语,大大打击了孩子的自尊。

如果孩子犯了错误,家长只知一味责骂,这不仅会伤害他们,更容易使孩子对父母产生敌意,甚至使孩子产生逆反心理。凡受过"精神虐待"的孩子,成年后会出现较多的心理与行为障碍,难以适应社会,也不能很好地处理人际关系。因为,对孩子心灵的惩罚,其伤害力远远超过对身体的伤害,对孩子造成的压力远比"体罚"的后果更严重。

所以,家长应学会倾听,让孩子把话说完,并允许孩子对自己的"错误"进行"辩解",这样既能使孩子宣泄情绪,又使家长了解了"病因",为下一步的"对症下药"提供了有效保证。

如果家长不断地重复说自己的孩子愚蠢,渐渐的,孩子就会相信自己的确是愚蠢的,然后就会放弃努力。一些父母对孩子说了很多否定的话,却没有意识到这些话对孩子产生的伤害。孩子往往会把家长的这些话当真,特别是小孩子,因为他们通常要通过父母的评价,来知道自己是什么样的人,能成为怎样的人。对孩子来说,要想培养自信心,首先需要听到他人、尤其是父母对他们的积极评价。如果我们希望孩子对自己有信心,就需要利用每个机会,强调他们积极的一面,避免使用辱骂、贬损性的语言去评价他们。

社会调查显示,不少青少年犯罪就是因为受到父母的藐视从而产生了挫折感,于是就破罐子破摔、自暴自弃。不管孩子多大,父母的否定均会对其造成极大的打击。

孩子未来的人生道路还很长,只要对未来抱有希望,就会激起无穷的力量。因此,家长不要把孩子看扁了,也不要把话说绝了,"辱骂贬损"是毒药,"激励赏识"才是良方。

好家长·要牢记

> 童年是一个人人格和个性形成的重要时期,父母的辱骂、贬损对孩子的健康成长负面影响极大,实际上是一种精神暴力。

118

您能与我平等地交流吗

孩子来信

东子叔叔,您好!

我是一个十三岁的男孩,正在读初一。我特别希望有一天父母能和我平等交流,但是这小小的要求,却成了难以实现的梦。

我的父母工作很辛苦, 他们没什么文化, 每天都在为生计奔波。我深知这点,所以一放学就往家跑,希望能帮妈妈干些活,就算帮不上什么忙,至少能让她高兴,可是妈妈却不以为然,经常说: "快回屋学习去,别在这儿添乱。"

妈妈是个极不温柔的人,对我的要求也很严格。每当我成绩进步了,她会说:"别骄傲,一次考好说明不了什么。"若是我的成绩下降了,她会不分青红皂白,先训斥我一顿。所以,发成绩的头一天我总是失眠。可是失眠改变不了现实,我的成绩还是不争气地下滑了。

昨天下午,妈妈开完家长会从教室里出来时,脸色特别差。我的心一下子提到了嗓子眼儿,心想这回完了,挨骂是免不了了,说不定还要挨打。果然,还没走出校门,妈妈就大声地训斥起我来。当时周围全是我的同学和他们的家长，大家都用一种异样的眼光看着我，我和妈妈说："有什么事情咱们回家再谈吧！"谁知这句话让她更加火大："谈？你凭什么和我谈，我每天在外面辛辛苦苦地挣钱，回家还要伺候你，你都干什么了，你对得起我吗……"

每次都是这些话，不管是什么事，只要没有顺她的心意，马上就把"不听话"三个字扣在我头上。这不，她那一长串的唠叨，总结成一句话就是："你这次名次下滑，是不听话造成的，为此我很生气。"当然，这么简单地说出来根本无法表达她的不满，可是也不用这么夸张吧！别人还以为我犯了什么大错呢！要是我一下子下滑了十几名，我妈非得把我扔了不可。我想向她解释一下，这次没考好是有原因的，可她根本不给我说话的机会，只是一味地发火。

妈妈就是这样，从来只有她说话，不管对错，我都要听着，不然就是一顿骂。对于这件事情，我再也忍不下去了，所以今天吃晚饭的时候，我鼓起勇气，和爸爸妈妈说，希望他们能与我平等交流，不要总是对我呼来喝去的。

"平等交流？"爸爸厉声道："什么时候变成你挣钱养我了，再和我谈平等交流。到时候你说什么我都听着，现在你就得听我们的。"爸爸的话，让我不知道该如何再说下去，我只是希望，他们可以给我一个发言的机会，这样的要求过分吗？

☀ 东子给家长的建议

要为孩子营造民主和谐的成长氛围

我们做家长的总是喜欢在孩子面前端着架子，一脸严肃，一本正经，动不动就呵斥一番，教训一顿，令孩子对我们敬而远之。本以为这样才有威信，其实大错特错。放下架子，平等交流，给予孩子必要的尊重和理解，才能真正赢得孩子的信赖。

家长一味居高临下地俯视孩子，自然加剧了孩子的紧张恐惧心理。很多家长都忽视了这一点，没有做到与孩子平等交流，更有甚者直接剥夺了孩子的发言权。

信中这个男孩的父母就是这样。他们没有平等意识，忽略了孩子的心理感受，认为"老子怎样管儿子都是应当的"、"孩子必须听家长的"，认为孩子是自己的血肉、是家庭的附属品，从而忽略了孩子是一个独立的社会成员，他有自主意志，有自己的思想，他有得到家长尊重的心理需求。所以，父母应先调整好心态，树立平等意识，以民主、平等的态度对待孩子。孩子对父母的态度也会由最初的"怕"变化为发自内心的尊重。

家长不能剥夺孩子的发言权，要给他表达思想的空间，做孩子忠实的听众、知心的朋友。这样会增进孩子与父母感情。要想教育好孩子，必须多方了解孩子的需要，因为需要驱动着他们的行为。不专制，不放任，营造真正的民主家庭。提倡民主，反对专制，并不意味着对孩子要百依百顺，真正的民主与尊重是对孩子负责任的关注与约束。

不管孩子对错，都要给孩子一个表达的机会。被判了刑的人还有上诉的权利呢，何况孩子只是做错了一些小事，而且很多时候还可能是大人误解了孩子。所以，为孩子营造民主和谐的成长氛围，首先是要倾听孩子的心声。由此，了解事情的原委及孩子的内心需求，这种倾听是平等交流的基础，只有相互沟通，彼此了解，才能实现家庭真正的民主和谐。

宽松、民主的家庭生活环境，和谐、温馨的家庭气氛。在这样的环境中，孩子的积极性、主动性、创造性才能有所发展。在这种环境里成长的孩子能充分认识自我价值，其独立能力、解决问题的能力和适应社会的能力都能得到较好的发展。

家长要学会做孩子的听众

随着现代社会生活步伐的提速、竞争压力的加剧，家长常常由于工作忙碌而无法留足够的时间陪着孩子一起成长。现代家长不应该只是努力为孩子创造一个良好的物质环境，抽出时间去了解孩子的性格和兴趣才是最重要的，如此才能让自己与孩子的心灵更为亲近。

其实，在成长的过程中，孩子的最佳听众、最想说话的人便是爸爸妈妈，每天哪怕能有一小时、半小时，甚至是一刻钟也好。

倾听也是一种爱。

很多成年人对孩子有许多"偏见"，他们觉得孩子没有什么自己的想法，心思简单、幼稚、不懂事，其实实际情况未必如此。没有倾听就难以发现，有的时候，孩子表达的只言片语往往是最真实、最可贵的信息。我们要学会翻译、学会发问。让孩子用平静的心情把事实说出来，这个时候你才能得到重要的信息，才能作出最正确的判断。所以说，倾听是一种爱，倾听的艺术就是教育的艺术。

在我们教育孩子的时候，父母往往扮演的是个主动角色。因而父母有的时候很容易进入一个误区，就是一见到孩子，特别是碰到孩子发生什么问题的时候，父母就滔滔不绝、口若悬河，话特别多。在父母看来，孩子要多说、多批评，才会有进步。其实，这样的看法与做法是不明智的。为什么呢？因为你可能太急于表达，却忽略了孩子的反应。孩子可能根本没有听懂你的话，或者一个耳朵进、一个耳朵出，你的教训完全没有发挥作用，反而还可能使你们的关系恶化。

爱孩子,不需要粗暴的责问、无情的惩罚,而是要倾听。倾听之中,还要融入对孩子的爱、宽容、耐心与激励,给孩子创设幸福、温暖的成长环境。试想,如果信中的这位母亲能耐心听孩子解释,而不是不问青红皂白地将孩子责骂一顿,结果会是怎样呢?

我们的很多家长朋友都能说会道,但却不善于倾听。我们把大量的时间都用来批评和教育孩子,却没有倾听孩子心里的声音。常有家长这样抱怨:"真不知道我家孩子是怎么想的,为什么总是不肯好好听我说话。"那么,作为家长,您有没有好好听过孩子说话?家长希望通过有效的沟通,把孩子培养好,但家长能否走进孩子的内心世界,能否用心聆听孩子的心声,是沟通成功与否的关键。沟通不畅如何能教育好孩子?

从某种意义上说,培养的过程也是培养者和被培养者平等对话、双向交流的过程。为实现平等对话,家长必须放下架子,主动接触孩子。家长要树立这样的观念:家长和孩子是平等的,每个孩子都有被尊重、被信赖的需要。只有让孩子体会到家长对自己的尊重,孩子才能更加信任家长。沟通才能更有效,教子才能更轻松。

家长要给孩子表达的机会

不少孩子有这样的感觉:"每当我和爸爸妈妈意见不一致时,他们就以势压人,不让我说话,有时他们批评得根本不对。"家长不允许孩子发表自己的意见,也不调查问题的来龙去脉,而是一味地大发脾气,严格来说,这种做法是违背教育宗旨的。

其实,父母和子女发生矛盾在所难免。作为长者,我们应该让孩子把意见申述完,要耐心地倾听,如果不等孩子讲完话,家长就主观臆断地下结论,必然会带来一系列的消极后果,孩子的逆反心理将会表现得十分强烈。我们每个人都希望别人能尊重自己,孩子也不例外。父母只有尊重孩子,所说的话才会发生效应,何况在许多争论中,孩子往往是站在真理这一边的。

有一个真实的故事给我留下了很深刻的印象。美国有一位非常有名的电视节目主持人,她经常主持一个与孩子对话的节目。有一次,她问孩子:"假如你驾驶飞机载着乘客在空中飞行,突然发现飞机没油了,你怎么办?"

这小孩直截了当地说:"我就赶快跳伞,让他们在飞机上等着我,我要第一个跳伞!"坐在台下的许多观众就哈哈大笑起来,有的观众还笑得东倒西歪的,就觉得孩子真鬼头,一发生故障他第一个跳伞,先想到自己跳伞、自己逃生。

这位主持人接着问道:"然后呢?"这个小孩说:"我去取汽油,然后回来救他们。"

听到这句话,那些大笑的观众们突然没了声音。他们没想到在孩子单纯的、幼稚的举动中,竟包含着一颗博爱的心。

我觉得这位主持人有一个十分可贵的地方,就是她继续倾听孩子的讲话,最终了解了孩子的真实想法。有时候我们会因为对孩子存在"偏见",认为孩子没有多少想法,或者认为孩子自私、幼稚,从而误解甚至冤屈了孩子。孩子也是人,我们要特别注意倾听他们的心声。

正如来信的这个男孩所言:"我只是希望他们可以给我一个发言的机会,这样的要求过分吗?"

家长朋友,您说孩子的这个要求是否过分呢?

我们有些家长想当然地认为,给孩子机会,他也只会辩解,索性来个"一言堂"。东子在此还是要强调"换位思考"的问题。如果在单位,你做一件事,领导过来劈头盖脸地把你批了一顿,而且不给你任何解释的机会,你感觉是领导误解或冤枉了你,此时你作何感想?

无论是领导与下属还是家长与孩子,要想关系融洽,工作或教子顺畅,都必须平等沟通,彼此尊重。人与人的互动关系,尊重是基础,尤其是上对下、长对幼的尊重。

其实,每一个孩子都希望自己能够得到父母的重视,现实生活中每位家长都很重视自己的孩子,可为什么孩子就是体会不到呢?为什么仍然有很多孩子埋怨自己的家长不理解、不尊重自己呢?很多情况下都是因为家长做得不到位,不认真倾听孩子的想法,忽略孩子的心理感受,这样久而久之孩子就更加不愿意和父母沟通,父母与孩子自己之间的沟壑就越来越难填平了。当然,这样的亲子关系,也无法教育好孩子。

所以,为了孩子的健康成长,也为了您自己的快乐生活,多去理解我们的孩子,多去尊重我们的孩子吧!

好家长·要牢记

从某种意义上说,培养的过程也是培养者和被培养者平等对话、双向交流的过程。为实现平等对话,家长必须放下架子,主动接触孩子。

第 4 篇

爸爸妈妈，您能信任我吗

您不要总是否定我

孩子来信

东子叔叔,您好!

我是一名小学五年级的学生,我的偶像就是国一姐姐。真希望有一天我也可以像国一姐姐一样,成为一个快乐的小学生。可是,人生有很多不如意的事,由于我爸妈的原因,我成了一个不快乐的小学生。虽然我家也有几本他们买来的您的书,他们也读过,但是却没有照做的意思。不知道东子叔叔愿不愿意帮帮我,让我也有机会像国一姐姐一样快乐。

其实我没有过高的要求,我既没有要求爸爸妈妈让我不用写作业,也没要求他们经常带我出去玩,我只是希望他们不要总是否定我,这样我就心满意足了。

就说我喜欢的画画吧,从上小学一年级的时候起,我就喜欢上了画画。虽然我没有参加过画画补习班,但是我比班里的同学画得都好,我的美术作业全都是"优",美术老师也常常夸我画得好。可是每当我把自己比较满意的画拿给爸爸妈妈看时,他们总是叫我去学英语,说画画有什么用,浪费时间,他们甚至看都不看我的画。

为此,我非常难过,我多么希望能得到他们的肯定,哪怕是一句"画得不错"也会比无数个"优"让我开心的,可是没有,就算是他们心情非常好的时候,也只是随便地扫一眼,然后就催促我赶紧去背英文单词。

让我伤心的是,前段时间我准备参加一个绘画比赛,当我把这个想法告诉妈妈时,没想到妈妈却坚决反对。我问妈妈:"为什么我不可以参加?"

"就你那水平,参加什么比赛!"妈妈一脸看不起我的表情,我觉得这次比赛很重要,就试着劝妈妈:"我觉得我画得很好,而且班里的同学们都说我画得好,连老师也推荐我参加。"妈妈却毫不理会地训斥道:"那是老师给你面子才这么说的。这么大的比赛,比你强的人多的是,你拿什么跟人家比?"听了妈妈的话,我很难过。

其实,不只是画画,我上幼儿园的时候,非常喜欢剪纸。一张白纸能剪出各种各样的图形,我感觉很有趣。那时幼儿园的老师教一种样式,我能在这个的基础上剪两三种样式,老师夸我是个心灵手巧的孩子。可是回到家里,我高兴地把作品给妈妈看,每一次都会受到沉重的打击。妈妈说我把好好的纸剪成一个洞一个洞的,难看死了……

我现在已经记不起那时候剪的作品到底有多难看了。只知道在妈妈一次又一次的嘲笑声中,我再也没有剪过纸。

叔叔,您既是家长又是教育家长的专家,您能告诉我怎样才能让父母对我有所肯定吗?

☀ 东子给家长的建议

父母不可轻易否定孩子

"我们不想在否定中长大!"这是孩子们共同的心声,一句简单、稚气的话语,道出了孩子希望能被认可的愿望。

孩子的心灵是脆弱的,他们希望得到支持与理解。一句鼓励的话语,会使孩子增添无限信心;但是一句粗暴的呵斥,却也可以使他们的尊严受到极大的伤害。轻易地否定一个孩子,对他们的能力表示怀疑,是对孩子心灵的摧残。这个爱画画的小女孩的例子告诉我们,家长不可以轻易否定孩子,否则会严重打击孩子的自信心,破坏孩子的人格完整。

但在现实生活中,却有很多父母总是在否定孩子,喜欢用自己孩子的短处与别人家孩子的长处比较,他们的口头禅就是"你瞧人家"!长此以往,在否定声中长大的孩子,日后可能会对别人充满敌意,而且容易自暴自弃。

爱迪生小时候被老师列入"笨孩子"之列,但他母亲一直在鼓励他,说他会成功,终于,爱迪生成为了一位伟大的发明家。其实,每一个孩子都可以成才,只是我们许多家长缺少发现的眼光,缺少培养的方法。

记得看到女儿依依写的第一张留言条时,我就毫不吝啬地把赞赏送给了她,目的并不仅仅是为了鼓励她。当时真是觉得孩子很

131

了不起,没认几个字呢,就有了使用文字交流的意识,确实很难得。在我的鼓励和欣赏下,依依喜欢上了写留言条,从几个字到几十个字,到给我写信,依依写下来的文字越来越多,语句也越来越流畅。

带着微笑大声朗读依依的"作品",是我对孩子表示赞赏的最直接的方式。从依依写下第一句话开始,我就成为了她最忠实的读者。只要依依把她写的东西拿给我看,无论写的是什么,也无论写得多蹩脚,我都要从头到尾大声朗读,遇到哪句话写得很好,我会再重复一遍,而且不忘夸奖:"嗯,这句写得好!"只要捕捉到文字中的闪光点,我就不遗余力地给孩子充分的肯定,让孩子享受到成功的喜悦和写作的快乐。

依依九岁时的一天,突然有了写诗的雅兴。从来没有写过诗,更不知道如何写诗的她,晚饭后顾不上看自己喜欢的动画片,趴在桌子上冥思苦想写下了人生中的第一首诗——《太阳》:

太阳,如果一旦失去你

就没有天上飞的鸟、地下跑的兽

太阳,你和所有的生物的生命都密切相关

如果失去了你,花儿枯萎,鸟儿遭殃,人类也无法生存

太阳,你为人类作出了贡献,人类永远也忘不了你

当她兴致勃勃地把这首毫无章法的诗拿给我看时,我依旧大声朗读了一遍,然后大声称赞她:第一次写诗就写这么好,真棒!相信你以后一定会写出更好的诗来!"

第二天,我把这首诗一字未改地"贴"到了我为依依制作的网

页上,让登录她网站的人都能看到依依的第一首诗。妻子一开始还阻拦我:"依依那也叫诗啊,别让人看了笑话,还是免了吧!"我坚持道:"这是依依真实的成长记录嘛,谁也不是天生就会写诗的,那些大诗人生平的第一首诗,说不定还赶不上咱们依依写的呢!"依依听了很开心:"呵呵,爸爸喜欢我写的诗,我的诗都可以'贴'到网上展览了……"

后来依依又陆续写了好几首诗,每次我都要加以评价,当然表扬得多、赞赏得多,纠正、引导的工作尽量做到"无痕"。依依说,每当自己完成一篇作文,得到爸爸妈妈的赞赏,心里总是美滋滋的,会觉得写作文真是一件快乐、开心又轻松的事情,自己真的是很棒!也正因为如此,孩子才能在四年内写出了三部书。

经常受到否定会打击孩子的自尊和自信

孩子和大人一样,也需要自尊和自信,这对于孩子形成健全的心理是十分重要的。那些经常遭受父母否定的孩子,通常长大后会变得怯懦、做事犹豫;而那些自幼就受到父母积极肯定和鼓励的孩子,做事往往干脆利落,充满自信。所以,父母一定不要总是否定孩子,以免给孩子幼小的心灵留下阴影。

一次,几十个中、美两国的孩子一起进行某项测验,测验后的分数让孩子分别拿回家给各自的父母看,结果中国的父母看了孩子的成绩后,有 80%表示不满意,而美国的父母则有 80%表示满意。实际成绩又是怎样的呢?原来,美国孩子的成绩远不如中国孩子。这说明中国的父母习惯用挑剔的眼光来看待孩子、看待别人和世界;而美国父母则习惯用欣赏的眼光看待孩子以及周围的一切。

作为家长,如果总是用挑剔的眼光看待孩子,就常常会有意无意地去批评指责甚至打骂孩子。因为你对孩子的期望过高,当孩子达不到自己的要求时,你会感到为人父母很失败,感到自己不好,常会把对自己的愤怒向外发泄,好像都是孩子的错,就会去否定孩子,进而发展到孩子的自我否定。总生活在否定声中的孩子长大后会对自己或别人吹毛求疵,会产生不配做某件事或不及别人的感觉,而且做事经常拖延,不知如何达到目标。

汽车奔跑需要加油,孩子成长则需要激励和赏识。

孩子都有自己独立做事的愿望,依依四岁开始就嚷着要自己洗自己的袜子、短裤等小件衣服。刚开始,为了洗一双袜子,她足足用了少半袋洗衣粉,把身上的干净衣服也弄得一片狼藉,害得她妈妈还要给她洗外套。但是我们没有因此阻止她、呵斥她,反而积极鼓励她。于是,孩子的干劲很大,袜子、短裤换下来了,不用提醒,自己就端着小盆子坐下来洗啊洗啊。渐渐的,孩子洗衣服的手法越来越熟练了,速度也越来越快。有时候,还会顺手把我和她妈妈的袜子一块收了去洗。

五岁开始,依依便学着自己洗澡、洗头发。刚开始她常常冲洗完了披着睡衣就出来了,她妈妈一检查,头发上一抹一把滑溜溜的洗发液,身上也是沐浴液泡泡随处可见。只好把她拖回去重新冲洗。这种情况持续了很长时间,每次都要"返工",但大约到了六岁的时候,返工的次数越来越少了,每次洗澡基本上都能合格。

放手让孩子去做一些事,给予孩子最高的肯定,它所带来的结果是收获了一个乐观自信、勤勉爱劳动、动手能力强的孩子。试想,如果家长一开始就担心孩子做不好而去否定、去怀疑,孩子还会热心于自己动手吗? 还会收获快乐与自信吗?

所以,如果这个爱画画的小女孩的家长不是总否定孩子,而是能够给予孩子必要的肯定, 将来这个孩子可能会成为一名出色的画家,即便不能,孩子的自尊和自信也可以得到很好的维护,她也该是一个乐观自信的人,这可比多学几段课本知识、多考出几分重要得多。

好家长·要牢记

> 汽车奔跑需要加油,孩子成长则需要激励和赏识。

您放手我就能做好

孩子来信

东子老师,您好!

我现在的心情非常糟糕,我真的想不出解决这些事情的方法,希望您能给我一些指点。具体地说,就是希望您能帮助我父母改变一下想法。

我今年十六岁了,听我奶奶说,她十六岁的时候已经嫁给我爷爷、开始照顾一家子人了。可是在爸爸妈妈眼里,十六岁的我依然是小孩子,什么都不会做,什么也都不可能做好。可我觉得自己并不比奶奶当年差,更何况我还是男生。

我现在确实动手能力有些弱,而现在的我之所以这样,完全是因为我的父母不给我机会。其实,如果他们放手让我去做,我一定会做得很好的。所以,请您和我的父母说说,让他们放放手,给我一次机会,我想用事实证明,我并不是他们眼中什么都做不好的小孩子。其实,我自己也和他们争取过机会,但结果总是失败。

就说前几天的母亲节吧,那天刚好赶上爸爸妈妈都有事,不能去看望奶奶,于是我主动提出替他们去,可是他们想都没想就一口拒绝了,原因竟是我不能独自去那么远的地方(奶奶家距离我们家有100多公里,坐火车、汽车都很方便)。我当时真的挺生气的,我虽然是未成年人,但是已经是一个身高一米七三的男人了,难道我会被骗?会有什么危险吗?

我不甘心就这样被轻视,于是拿出《范姜国一的快乐初中》给他们看,书中写国一妹妹十二岁的时候,就独自到离家160公里外的奶奶家去,而我呢?我不但比她大了好几岁,而且还是男生。妈妈生气地说:"人家范姜国一是神童,可你是吗?比什么比呀,小孩子不要想一出是一出,就知道给家长添乱。"

其实,在我的成长过程中,类似的事情还有很多。我真希望有一天他们能发现我其实已经长大了。他们总不能一辈子都把我当小孩子看,什么都不让我去做吧!

记得去年我们劳技课的第一节课,老师让我们回家自己制作一道菜,我兴致勃勃地到菜市场买了菜,拎回了家,可是当我说出想自己做菜时,我妈妈的头摇得和拨浪鼓一样,并且长篇大论地说了半个小时我不能自己做菜的原因:比如我是男孩子,用不着学做菜;比如我用不好煤气,这样不安全;比如我没有经验,炒出来的菜肯定没办法吃……其实这些都是借口,她就是不相信我能做菜,不相信我已经能自己做很多事情,我心里真的是很难受。

老师,您是教育专家,您说的话他们一定能听进去,您能不能让他们知道,我已经长大了,很多事情我都可以自己去做,只要他们放手让我去做,我一定会做好的,我说这些话都是真心的,并不是讲大话。就算是之前真的不会的,只要做一两次,不就会了。所以我迫切地希望我的爸爸妈妈可以放开他们紧抓着我的大手,让我自己做那些我本来就可以独立完成的事情。

☀ 东子给家长的建议

"逼"出独立的孩子

和信中这对父母有类似行为的家长还有很多,我的一个战友就是这样,儿子十五六了,比爸妈都高了,却啥也不让做,问其缘由:一是担心做不好,二是心疼孩子,三是怕影响学习。

有一点我很不明白,不放手让孩子去做,不永远都做不好吗?心疼孩子就丧失理性地去溺爱,那孩子不就废了吗?学习仅仅是为了书本那点有限的知识吗? 放手让孩子去做难道不是学习相关知识与技能吗?

如果家长放手让这个男孩回老家看望奶奶,它的积极意义有很多:其一,这是孩子的一次感恩之旅,是孩子为老人尽孝的一个良机;其二,通过这次探亲的机会,可以锻炼孩子的独立能力和交际能力;其三,可以开阔孩子的视野,丰富孩子的生活,增加孩子的人生阅历,还能够增强孩子的自信心。所有这些都是从书本里学不来的。

所以,无论孩子多大,家长都要放手让孩子做力所能及的事情。孩子只要愿意做,家长就应该鼓励,使孩子获得自信。

我在没做父亲时就曾读过一篇文章:山鹰常常把巢穴筑在悬崖边上。当雏鹰可以张开双翅,山鹰就会停止衔食喂养它们,而且还会衔着雏鹰,狠心地把它们扔下山崖,看它们在山崖下挣扎、扑腾,在它们好不容易飞上来之后,又再一次将它们扔下去……

山鹰不爱自己的孩子吗？它们怎会如此"残忍"地"虐待"自己的孩子呢？可是,正是这种"残忍"的"虐待"最终练就出了雏鹰一副强健的翅膀。所以说,山鹰这样做是对孩子真正的爱,理智而充满远见的爱。因此,我想说,爱孩子,别忘了要拿出像山鹰似的"狠"来,逼孩子独立自主。割断"脐带",把孩子"推"出去,孩子才能自立于世。

为了培养女儿依依的自立意识,我时常如山鹰那样,做出一些"逼子"的事情。

一个人入睡,是依依在自立道路上迈出的第一步。

孩子四岁的时候,我就开始让她独自在自己的房间睡觉了。原本就很少让爸爸妈妈帮着脱衣服、穿衣服的依依,独自睡觉之后更是不用我们在穿脱衣服方面费一点心。每天晚上入睡前,她总是很认真地脱下衣服叠好,然后按照第二天穿衣服的先后顺序,将叠好的衣服整齐地摞成一摞,小心翼翼地放在枕头的一侧,最后把小袜子脱下来塞到枕头底下。第二天起床后,她就会按照晚上放好的顺序,一件一件穿好衣服。依依的这一习惯一直保持到今天。

后来,依依还写了一篇作文,题目是《自己睡觉也香甜》,用来向睡在妈妈怀抱里的生活告别。

为了锻炼依依的独立能力,培养她的自信心,孩子五岁的时候,经过周密的安排(所有安全隐患都要考虑到),我让她独自在家待了一天。事后孩子说,一个人在家很自由,想干什么就干什么,不用担心爸爸妈妈不允许;一个人在家也很寂寞,没有一个可以说话的人;一个人在家还很担心,总担心出个什么事,自己一个小孩子应付不了。不过,一天却过得很快,她发现一个人在家并不是件难事。

这一天,依依过得很充实也很愉快。虽然几次我们刻意的测试给依依带来了小紧张,但她却自信地说,今后要是爸爸妈妈有事出去,尽管放心让她一个人在家。经过这次锻炼,我发现依依突然长大了许多,尽管说话依旧稚声稚气,依旧会扑到妈妈怀里撒娇、耍赖……

从那以后,依依就常一个人在家。再有陌生的电话或者有突如其来的门铃声,依依也能视若寻常事,平静得就像什么也没听到一样。只是有时觉得实在没意思了,就会频繁地拨打我和她妈妈的手机,说一些无关痛痒的事情,目的只有一个:打发时间。

每当看到一些小孩子像小油瓶子一样黏在妈妈身上、走一步跟一步、稍一会儿看不见父母就大哭不止,我就为依依感到自豪。她让我们可以安心地去做自己的事情,可以安心地把一整天的时间都交给她……

不放手的孩子长不大

对家长来说,在孩子的成长阶段选择相信他也许并不是一件难事,但放开手让孩子按自己的想法去做事,却不是轻轻松松就能做到的。当小鸟一天天长大、日渐有了离开妈妈怀抱和暖巢的能力时,我们就要放手让它独自去飞。

在对女儿进行自立意识培养的过程中,我抓住一个个有利时机,一点点把依依"推"出父母双翼的庇护,"推"上独自前行的路。

一转眼依依就上小学了,随着她一天天长大,也是因为我有意识地培养,她要求自立的领域逐渐增多,要求自主处理自己的事情的呼声也越来越高。而只要在保证安全的情况下,我一般不会剥夺她体验"自己的事情自己做"的乐趣。就拿她要求自己一个人上学、不要我们接送这件事来说,我本来不想答应,毕竟依依还小,去学校要经过一条马路,每天上学时又正是上班早高峰,各种车辆川流不息,我怎么放心让小小的女儿独自穿行在车流中?可是,想到"该放手时要放手"这句话,我最终决定,还是让依依自己走一遭试一试。

依依过了六周岁生日的第二天,按照我们事先的约定,她要自己去上学。我像特务一样小心地尾随在她后面,看着她一蹦三跳地下了楼,看着她小小的身影拐弯,然后就到了横穿马路的斑马线前。此时,过往的车辆呼啸着从依依的身边驶过,一辆接一辆如长龙摆阵。依依站在那里,几次试探着迈出脚又缩回去,一直没有踏上斑马线。

远远观望着的我,真是捏了一把汗,心里又着急又担忧,真想走过去拉起依依的小手,护送她过马路。可是,一想到依依那一脸坚决的表情,我只好控制着自己不要过去。就在这时,依依向站在她不远处的一对母女走去,看上去也是妈妈送孩子上学,也在等着过马路。只见依依一通比画后,那个中年女性微笑着伸出手,一手拉着自己的孩子,一手拉着我的女儿,很轻松地过了马路。之后依依一溜小跑地冲进了学校的大门。

我的心终于放了下来,这时才感觉脑门上早就渗出了细细的汗珠。

第一次自己独行去学校成功后,依依就说什么也不用我们接送了。于是,从那以后,我和妻子便开始轮流尾随依依上学。而且此后,她又尝试了自己去游乐场玩、帮我到市场买日用品等很多事情。从阳台上看着她提着蔬菜、馒头从市场返回时的身影,我的心里满是欣慰。一只小鸟就这样从爸爸妈妈的翅膀底下挣脱出来独自面对风雨,自己的翅膀也越来越坚实有力。

　　"我能行!"这话成了依依的口头禅。每当我们对她流露出不放心的神情时,她就会坚定地甩出这三个字。

　　而现在,依依已经不需要我的"尾随"和"搀扶"了,我只需用关爱的目光注视着她去走自己的路……

好家长·要牢记

　　爱孩子,别忘了要拿出像山鹰似的"狠"来,逼孩子独立自主。割断"脐带",把孩子"推"出去,孩子才能自立于世。

我的事情让我自己做回主

☁ 孩子来信

我真的不明白我到底是属于自己的还是属于父母的,虽说我是他们所生所养,但是这并不意味着我的一切都要按照他们的想法去发展呀!我是一个独立的个体,他们凭什么决定我的一切?再这样下去我还不如自杀算了,我哪里还是我自己,我完全是父母的附属品嘛!

东子老师,很对不住您,上来就和您发牢骚,可是我实在不知道,我还能和谁说这些。我觉得我的爸爸妈妈生下我完全就是为了满足他们的掌控欲。现在可是民主时代,别人他们掌控不了,于是生下了我,我得靠他们养,人在屋檐下谁敢不低头呀,以至于现在我的一切都是他们做主。说到这里您也许会觉得我是个叛逆的孩子,什么事情都想和家长对着干,其实不是。我跟您说说我现在的处境吧,说完您就知道我生活在什么样的家庭里了。

我不是什么无理取闹的孩子,我只是想要争取一点属于我自己的自主权罢了,可惜,在我们家,这比不带氧气罩上月球还难。

先说说我的日常生活吧,我的衣服,从小到大都是我妈妈买的,要是买的好看也行,她那眼光,我就不说啥了,就专门挑那些花花绿绿的衣服买,弄的同学们都笑我。每次买衣服我都说跟她一块去,可是结果就是我喜欢的衣服她不是说质量不好,就是说难看,再不就说太贵了,而她挑的衣服我自然也看不上。我不是故意的,只是她看上的那些衣服都跟童装似的,我一个上高中的大小伙子,真要穿着"童装"去上学,还不被同学笑掉大牙?所以,我和我妈一起上街的时候基本上是空手而归,说句实话,我宁可穿校服,也不想穿她买的那些奇奇怪怪的衣服。

再说说我的屋子吧,我从来不敢邀请我的哥们儿到我家来,因为他们要来了的话,肯定要看我的卧室。如果您事先没见过我,而是先看过了我的卧室,您一定以为我是个小女孩,因为整个房间都是粉色的。我妈妈喜欢粉色,所以家里的窗帘、被罩全部都是粉色的。我是男孩子呀,让人家知道了还以为我是变态呢!不过这些还好啦,毕竟我可以只穿校服,不请同学到家里来,所以这些事情我都能忍受着,但是唯独有一件事情我不能和我爸妈妥协,那就是关于我学文学理的事情。

老师,忘了和您说,我现在是高一的学生,我前几天看见您女儿的博客上写她们学校文理分科,您完全尊重她的选择,我当时真的好羡慕她。听说男孩学理科的人居多,可是我偏偏是个例外。我从小对历史方面的东西就特别感兴趣,其实我爸爸妈妈以前也挺支持我的,每次到书店他们都同意我买一本有关历史方面的书。可是不知道为什么,这次我们学校组织分班,我爸爸妈妈坚决让我学理科,我数理化虽然学得也挺好,但那并不是我的兴趣,我一直都想成为一个历史学家,我要是真的学了理科那这个梦想不就化成泡影了吗?

回想起我这十六年来的人生,我所作的每一个选择都是爸爸妈妈的意愿,我似乎只有接受的份。可是这一次我真的受不了了,我要争取自己的权利!

东子老师,选文理科对我来说真的是很重要的一件事情,所以无论如何我都要自己做主,可是,我怎么才能说服我的父母呢?无论我怎么和他们说他们都不予理睬,一味地和我说,只有学理科才有前途,我也知道他们是为了我好,可是什么才是真正地为我好呢?我觉得只有让我自己做主这才是真的为我好。老师,我现在正在和我父母进行着无声的抵抗,可能这一次我会惨败,如果真是那样的话,我将失去我多年来的梦想,若是真的学了理科,我就离家出走……

☀ 东子给家长的建议

让孩子自己去作选择

现实生活中,我们身边经常会发生这样的事情,小到给孩子买衣服、书包、玩具,大到上高中的文理分科、上大学的志愿填报,很多家长是一包到底,毫不顾及孩子的想法。尤其是给孩子买东西,总是想当然,如果孩子不喜欢或是有不同意见,还要骂孩子不知好歹。

我朋友出差回来花好几百元给孩子买了一件衣服,她那个比我女儿大一岁的丫头死活不穿,我这朋友向我诉苦道:"这孩子是怎么了,我自己都舍不得花那么多钱买衣服,给她买了她不但不感激我,还埋怨我。"经过与孩子交流,这位好心的糊涂妈终于得到了答案:一是孩子不喜欢这种颜色,二是不喜欢这个款式,三是没有给她自己做主的机会。

想想看,如果让孩子自己做主选择她自己喜欢的衣服,一切问题不都迎刃而解了吗?

正像高中文理分科一样,自小我就尊重孩子的选择,只要是跟她有关的,而且有选择机会,我都会让她自己做主。

从孩子幼时买小玩具、小食品、小饰品,到大一些买衣服、鞋子、书包,再到今天面对升学的抉择,我都让她自己去作选择。当然,有些选择是在我给她讲了相关利弊关系后,才让孩子自己去决定的,毕竟孩子的人生阅历浅,所以必要的指导家长还是要给的,但绝不要替代孩子作选择。

看到这个男孩在信中提到了文理分科,这让我想起女儿在《范姜国一的快乐初中》里曾写过这么一件事:

有些事情确实是意想不到的。我原想能得到一个副科科代表就心满意足了,可没成想,竟有两个"科代表"的头衔等着我戴。第一个是政治科代表,政治老师问我们几个政治问题,我很干脆地回答上来了,于是就这么简单第赢得了这顶"桂冠";另一项桂冠是"音乐科代表",可能是大家还不是很熟的缘故,也或许有些不好意思,在音乐老师问谁给大家唱个歌的时候,等了好半天也没人站起来,最后我站起来为大家唱了一首《小小少年》。

就这样,两天之内我当上了两科的科代表。

我自小就像爸爸,做什么事都很认真,一上任我就开始忙开了。虽说是副科,可是事情也不少:要收发作业,还要安排活动,等等。

一次,音乐老师让我安排几个参加文艺节演奏的同学打小鼓,还要我帮助整理好他们的资料。正在这时,政治老师来让我把实践本收上来批改一下……

那天,我拖着疲惫的身体回到家,爸爸忙问怎么了,我和爸爸实话实说后,爸爸首先肯定了我的工作干劲,但是同时还告诉我,做任何事情都是要量力而行的,强逞能往往事与愿违,那样对我的学习和成长都不利。听着爸爸的话,我小心翼翼地跟爸爸提出要辞去科代表的想法。爸爸没有马上表态,问了我几个为什么后,说道:"根据你现在的情况,做两个科代表显然是不妥的,但是都辞去也是不恰当的,最好辞去一个保留一个。"我又问爸爸我该辞掉哪个,爸爸笑着说:"那是你自己的事了。"

经过权衡,第二天,我委婉地找老师辞去了音乐科代表,老师肯定了我这段时间的工作后,接受了我的"辞呈"。那天傍晚,伴着夕阳,我迈着轻盈的步伐向家走去……

我认为,只要孩子能自己做主的事情,尽量让孩子自己做主。家长轻松,孩子也快乐。

在这里,我们分享一下国际象棋大师谢军的成长故事:

谢军曾在十二岁的时候与妈妈进行过一次严肃的交谈。"你很喜欢下棋,对吗?"妈妈问她。小谢军从没见妈妈这么严肃过,有点儿害怕,但依然点了点头。"那好,你要记住,既然你选择了下棋,今后,就要对自己的选择负责!"

那一年,有两条路摆在谢军面前:要么去专业队走专业棋手的道路,要么继续上学放弃下棋。她想上学更想去下棋,因为只要往棋盘前一坐,她就会无比畅快、兴奋。可以说,谢军之所以能有今天辉煌的成绩,与妈妈懂得尊重孩子的选择密不可分。如果当年妈妈硬逼着谢军读书,压制她对国际象棋的喜爱,那么,现在我国就少了一位国际象棋的世界冠军。

我放手让孩子自己去作选择,结果"收获"了一个阳光少年——范姜国一;谢军妈妈放手让孩子自己去作选择,缔造了一个世界冠军——谢军。如果来信的这个男孩的家长也能放手让孩子自己去作选择,也许将来中国会多一个历史学家。

少一些干涉孩子会做得更好

当我们放手要孩子自己去做事情的时候,孩子难免会有失误。这时候,家长应该少一些干涉和指责,多一些鼓励和赞扬。

依依九岁的时候,要听英语磁带,可是录音机坏了,她妈妈到隔了一条马路的修理部去修,花了 10 元钱就修好了。可是回到家,听了不到十分钟,录音机又"罢工"了。这一次,她妈妈让她独自去修理部"复修",很快就修好回来了。可是第二天,问题又出现了。这次依依说,她上次去的时候就注意到修理部还卖小的随身听,她问了价钱,35 元一个,"妈妈,不如咱们再买个新的吧?"

她妈妈说,买新的不是不可以,可是这旧的毕竟花钱修了,如今没有修好,那钱花得也太没有意义了。

依依说:"我有办法,叫那个叔叔把那 10 元钱退给我们,我们再加 25 元买他的新的,不就可以了吗?"

她妈妈担忧地说:"恐怕人家不会答应的。"

"会的,我去跟他说!"依依自信地说。她妈妈于是答应让她去试一试。

临走的时候,妻子给了依依 25 元钱,然后嘱咐她,如果人家不同意就算了。出去不一会儿,依依提着一个崭新的小盒子回来了。妻子一看就明白了,依依的"谈判"成功了。

这件事从头到尾都是依依一个人在做,她妈妈没有干涉,更没有帮助她。从这件事情中,我感觉到,只要我们放手让孩子去做主,他总会让你惊喜于他的成长的。所以,把事情交给孩子去办,信任他、尊重他,孩子会在你的信任和鼓励中成长、成熟起来的。

说到这儿,让我想起 2006 年 4 月底在南京做节目的事。应江苏教育电视台的邀请,我们全家来到该台参加录制《玩过小学》这期节目,根据台里的安排,节目在晚上录制,当天下午该节目的执行制片人兼编导陈琼和依依妈妈两人,一遍遍不厌其烦地轮番嘱咐依依,一定要说好,不然还要重录……依依很认真又显得很无奈地频繁点头。我见状委婉地制止了她们善意的"教导",我说这些事你们不用管了,我来和依依谈。

过后,我问依依:"刚才陈阿姨和妈妈的话你记住了吗?"

"记是记住了,可我怕出错。"依依脸上满是担忧的表情。我告诉她,到时你想怎么说就怎么说好了。

"那万一我说错了呢?"

"没事,你是小孩子,说错了也没人怪你的。"

"那我就放心了!"她高兴地喊了一声"耶"。结果毫无心理负担的依依第一次接受电视访谈就表现得很棒,甚至超长发挥了她的才智。节目播出后,反响也很好。

生活中我们对孩子的干涉简直无处不在,其实放手让孩子自己去做,给予适当的鼓励,孩子会做得更好,如果人为地给孩子增加压力,效果往往不如人意。

好家长·要牢记

当我们放手要孩子自己去做事情的时候,孩子难免会有失误。这时候,家长应该少一些干涉和指责,多一些鼓励和赞扬。

我的同学关系我会自己处理

☁ 孩子来信

　　叔叔,您好,我是一名小学五年级的学生,我要向您承认,我不是个好孩子,因为我经常和同学打架,但打架并不是我的本意,我想安稳地过日子,不想被同学欺负,更不想我的妈妈经常去学校。

　　本来我并不是一个爱打架的坏孩子。小时候我的性格很内向,所以总有同学欺负我,那个时候我就总是向爸爸妈妈诉苦,虽然有时候妈妈会嫌我不争气,但是次日早上总会到学校帮我讨公道,我当时觉得很开心,看见曾经欺负我的同学吓得脸都白了,真是很解气。可是慢慢的,妈妈去学校的次数越来越频繁了,因为她今天帮我出完气,过几天那个同学又找借口找我的麻烦,甚至他的朋友也一起来找我麻烦,这样便成了一个恶性循环。所以班级里有越来越多的同学看我不顺眼,我似乎成了全班的公敌,有事没事他们就找我的麻烦,可是我不想再把这件事情告诉妈妈了,总不能叫她天天来学校吧!

　　我认为之所以会变成现在这样,也是因为妈妈经常来学校,不管是直接找欺负我的同学,还是直接找老师,那些同学只会越来越看不起我。这一切也不能怪别人,所以再有人欺负我的时候,我便不告诉妈妈了。

可是一直忍着也不是个好办法,他们还是像以前一样总是欺负我,于是我开始还手。他们一直觉得我是好捏的柿子,当然会向我发动猛烈的攻击,于是当天晚上我回家的时候脸上、身上全是伤,被妈妈发现是必然的,第二天她又找到了我们班主任老师。

本来我和那个男生打完架就说好谁也不告诉自己的家长,从此井水不犯河水。谁知道我妈妈没有和我说一声就去了我的学校,当时我们协定的时候有好多同学都在场呢,这下好了,我不但成了老师眼中爱打架的学生,在同学眼中也变成言而无信的人了。慢慢的,我就变成了现在这个样子,和同学打架成了家常便饭,只不过现在已经换成对方的家长来学校找我了。

其实,我觉得最开始我就应该自己处理与同学之间的关系,要是那样的话也不会发展到今天这个样子。这不能全怪我的爸爸妈妈,我自己也有责任,可惜我没有多啦A梦,不能让时光倒流……

叔叔,我现在才知道同学间闹矛盾,家长最好不要介入,所以我想通过您告诉我妈妈,同时也让其他家长知道,不要帮自己的孩子处理同学关系。很多时候,这样做只会引起更大的矛盾,事情将变得更糟糕……

☀ 东子给家长的建议

家长不要介入孩子之间的矛盾

每个人都是社会的组成部分,一个人离开了社会、离开了同他人的联系是不可能生存下去的。孩子从出生起,就开始从"自然人"逐步转化为"社会人",这个转化过程就是孩子的成长过程,也是孩子学习、发展、自我完善的过程。在这一过程中,孩子与同伴之间出现矛盾在所难免。而这些矛盾或问题是由孩子自己解决还是由父母出面呢?

很多父母出于爱孩子,觉得孩子遇到的问题越少越好,或者遇到问题由父母来帮助解决,孩子才不会有烦恼。其实,父母这样做,也许孩子一时不会有烦恼,但更大的烦恼会出现在他成人之后。因为缺乏自我解决问题的能力,一遇到问题,他就会想到求助别人,而若没有人帮他,他就会陷入无助、恐慌的状态中,如此,就会产生举步维艰的感觉。

因此,不要因为孩子小,就不给孩子自己解决问题的机会。孩子解决问题的能力有时候比我们想象的大得多。孩子能不能解决问题,不在年龄大小,也不在聪明程度,而在于他们是否经常自己解决问题,在于他们的经历。所以,要从小培养孩子自己解决问题的习惯,要制造机会让孩子自己处理问题,让孩子通过独立处理问题的经历成熟起来。

在对女儿依依进行自立教育的过程中,我最常说的一句话就是:"自己的问题自己解决。"只要依依能自主的事情,我总是鼓励孩子自己做主。小到今天穿什么衣服,自己喜欢的玩具想放在什么地方,这个周末怎么过,等等;大到假期想到哪里旅游,要不要参加什么兴趣班,邀请什么样的朋友来家里……这些事情我们都有意识地放手,让孩子根据自己的意愿进行抉择,鼓励她进行判断和思考,并最终作出决策。甚至,我偶尔还会特意制造出一些"问题",让依依去解决。

如何处理人际关系,是体现孩子自立能力的重要内容。很多时候,我们忽略了利用处理人际矛盾来锻炼孩子自立自主意识的效果,所以经常会看到这种情况:两个小孩子争一个玩具的时候,家长急忙跑过来,劝这个拉那个,把矛盾平息下来;孩子和伙伴闹别扭了,撅着嘴回家了,家长赶紧领着孩子去找小伙伴做工作,调和矛盾,直到看着两个孩子握手言和,才放心回家……

我很少插手依依和伙伴之间的纷争,从她蹒跚学步初学会和其他孩子玩耍的时候开始,我和她妈妈就遵循这个原则:要孩子独立处理人际关系。

记得依依三岁多的时候,她妈妈带她到学校操场去玩。一个经常和依依在一起玩的小姑娘骑着一辆童车,在依依面前飞驰。依依看着看着就不满足只做个观众了,她向妈妈申请:"我也想玩!"可是当时她的童车不在身边,没有车子给她骑。她指着小姑娘的背影说:"我要骑那个!"

她妈妈笑着说:"那你去问问小姐姐,看她能不能借你玩一会儿。"

依依嘟着嘴巴不动:"妈妈去说!"

她妈妈鼓励她:"你去说一样的,姐姐会答应你的!"

于是,依依怯怯地走到那个小姑娘面前:"姐姐,能让我玩一会儿吗? 等我的童车拿回来,我也借给你玩!"小姑娘果然答应了,依依高兴地骑上了借来的童车。

可是还没等她蹬出几步远,小姑娘反悔了。追过来抓住车把,非要依依下来。依依不高兴了:"你答应我的,我还没骑呢!"说着,还坐在车上不肯下来。两个人僵持着,谁也不让谁。妻子在远处看着这一幕,没有过来劝解。只见僵持了一会儿之后,依依从车座上跳下来,但两手还是紧紧抓着车把,带着讨好的笑对小姑娘说:"姐姐,谢谢你,我就骑一圈,好吗?"小姑娘不动摇,依依继续"做工作":"我的玩具给你玩,好吗?"

"交涉"工作做了很久,小姑娘终于松开了抓车把的手,依依欢快地跳上车,绕操场转了起来。

孩子的问题让他自己去解决

由于依依从小受到这方面的教育和引导比较多,所以她不仅可以处理自己的人际关系,即便其他同伴之间发生不愉快的时候,她也会担起"调解"的担子,在中间做工作,撮合矛盾双方和好。

依依九岁时,我们初到烟台安家,第二天依依就认识了楼上楼下好几个孩子。其中楼上比她大一岁的海芸和楼下比她小一岁的琳琳,成了依依的亲密朋友。可是,由于三个孩子都有个性,所以每天都会闹出些不愉快,时常不是这个留着眼泪一个人转身上楼,就是那个赌气站在一边黑着脸谁也不理。若是海芸和琳琳之间发生矛盾,这个时候依依就穿梭在两个人之间,先劝这个再劝那个,直到把两个人的手拉到一起,笑声重新响起。如果是两个孩子中的一个和依依有了不快,依依则会在短时间内调整自己的情绪,然后主动找对方谈谈。是自己错了,就主动给对方承认错误;是对方错了,则有理有据地点出来,委婉地批评完之后,再说:"我不怪你,我们还是好朋友。"大部分时候,说到这里,对方已经不好意思了,两个人就言归于好了。

有一段时间,依依和海芸不知道因为什么闹了别扭,两个人谁也不肯主动找对方。僵持了好几天,依依很伤心,对我说:"爸爸,你帮我去找海芸谈谈好吗?我不想一直这样下去。"看着孩子一副闷闷不乐、心事重重的样子,我心里也很不是滋味,一冲动真想答应她,做一个调解员,从中调和这两个孩子之间的矛盾。但是我克制住了这一冲动,冷静地对依依说:"孩子,爸爸相信你处理问题的能力,你去和海芸谈,一定比爸爸谈得好。不信,你去试试。"依依在我的鼓励下,鼓足勇气去找海芸,不一会儿两个孩子手拉手回了家,还在屋里窃窃私语,一副亲密无间的模样……

由此我想说,作为父母,千万不要阻止孩子独立处理问题。我们可以暂时帮孩子一把,却不能陪他们走一辈子。每个人的人生之路都要靠自己去走,父母之于孩子,其使命不是陪孩子走他要走的每一步,而是舍得放开手让孩子学着自己走路。我们要做一个"旁观者",对孩子少"呵护"一点,对孩子的事情少参与一点,不必想着要帮孩子或者为孩子做这做那,要孩子尽早学会自己走路、自己解决问题,这才是真正爱孩子。

正如这个孩子在信中说的那样:家长帮孩子处理同学关系,很多时候会引起更大的矛盾。我们的家长总是忽略孩子解决问题的能力,其实孩子有孩子自己的办法,比如他说的"和那个男生打完架就约好谁也不告诉自己的家长,从此井水不犯河水"。这虽然不是一个最好的办法,但至少还是可以解决问题的吧!我在年少时,也曾因打架与别的孩子做过这样的约定，此后我们真的就再也不打架了，因为我们要信守诺言。所以说，如果我们放手让孩子自己去解决与同学之间的矛盾，孩子们定会做得很好，如果家长介入那就复杂了。

当然我说的不介入，放手让孩子自己去处理，并不是对他们的问题不闻不问，而是适当地给孩子一些良好的建议。最忌讳的就是动辄找老师或找对方的家长，那样一是容易激化矛盾，二是会伤害孩子的自尊。

好家长·要牢记

我们可以暂时帮孩子一把，却不能陪他们走一辈子。每个人的人生之路都要靠自己去走，父母之于孩子，其使命不是陪孩子走他要走的每一步，而是舍得放开手让孩子学着自己走路。

不要用怀疑的眼光看待我

☁ 孩子来信

　　东子叔叔,难道说一个学习不好的孩子,就一定要遭受不公平的对待吗?假若您的女儿并不像现在学习那么好,您会怎么样对她呢?是安慰她、鼓励她,还是像我的爸妈一样戴着有色眼镜看待她?我想我的父母若是像您一样理解孩子,我也不至于发展到现在这个样子。

　　我和您的女儿范姜国一同岁,只不过我现在还在读初一。可能是我智商有问题,我从小学习就很不好,在班里一直都是倒数几名,爸爸妈妈每次看到我的成绩单,脸色都非常不好。小学时我一直盼望着赶紧上初中,因为我听说很多孩子上小学学习成绩不好,到了初中却有可能升上去。怀着这样的心情,我升上了初中,新的同学,新的老师,再没有人嘲笑我是差等生。一直到期中考试之前,我都很开心,同学友善,老师和蔼,尤其是语文老师,她比我们小学的语文老师不知道要好上多少倍,声音也特别的好听,她上课时经常提问,为了给她留下好的印象,我每天都回家预习新的课程,我觉得我开始喜欢语文课、喜欢语文了。

功夫不负有心人,期中考试我的语文成绩特别高,虽然我在班级里的综合排名还是中下等,但是我的语文成绩却是全班第二,我高兴极了,迫不及待地给妈妈看我的成绩,可是当他们看见我的成绩单时,我之前所期待的表扬、鼓励,全部都没有,有的只是两张严肃的脸,他们居然问我是不是抄了别的同学的卷子。我当然不承认,我没有做过的事情怎么可能承认呢!可妈妈竟然用肯定的口气说我抄了别人的试卷,我伤心得眼泪都掉下来了。虽然之前我学习不好的时候,他们批评我我也很难过,可是都没有像这次这么难过。此刻,这泪水完全是委屈的泪水,可是爸爸妈妈竟然以为,我是因为抄了别人的卷子害怕才哭的。

他们这么冤枉我,凭什么呀!难道说我学习进步还错了,我就应该永远考倒数几名吗?

大半个学期的努力呀,换来的竟然是一顿指责,我真不明白,他们为什么就那么不信任我,虽说我从小到大也说过几次谎,可是那都是过去的事情了。自从老师教育我们说谎是欺骗的行为,我就再也没有骗过他们,因为我知道他们是我的亲人,知道我骗他们,他们会很伤心。可是,他们用这样怀疑的眼光看待我,难道我就不会伤心吗?就因为我别的科考得和以前一样的糟糕,他们就可以武断地认为我这一科是抄袭别人的吗?

况且他们这样没有凭据的误解我已经不是第一次了。就在前几个月,有一次老师布置了一项暑假作业,是在假期里帮爸爸妈妈做一次家务。那天刚好下雨,我待在家里,于是想把这个作业完成了,为自己的小学生活画上圆满的句号。可是当我忙碌了将近三个小时,帮妈妈彻底地把房间收拾干净后,妈妈回来看见我的劳动成果,说的第一句话竟然是问我又犯了什么错误。我当时还很认真地回想了一下,没有呀!得到这个答案,妈妈竟然质问起我来,说要是不犯错误,怎么可能主动把屋子都收拾了呢? 当时我真的很生气,可是我还是向她解释了原因,结果她只是"哦"了一下,连道歉都没有。

东子叔叔,我真的希望我的爸爸妈妈不要再用怀疑的眼光看待我了,我多么希望他们能信任我一次……

☀ 东子给家长的建议

不要戴着有色眼镜看孩子

看完这封信,东子眼含泪花,因为它让我想起了自己年少时的一段往事:

那是三十年前,农村实行联产承包责任制的第一年。我们家和村里许多人家一样,把承包的土地全部种上了土豆。可喜的是,那年土豆大丰收,家家的土豆产量都很大。可是面对堆成山的土豆,人们又开始发愁——因为找不到销路。对自产自销生产模式毫无经验的农民只会种地,根本不懂如何将收获的庄稼换成钱。

后来是我找到了买家,将土豆全部卖出。堆在地里让父亲发愁的土豆,转眼间就变成了钞票,父亲有说不出来的高兴,一是因为土豆卖出去了,二是因为他的六儿子有本事。那年我家的土豆卖的价是村里最高的, 也是卖得最快的。一向奖罚分明的父亲重奖了我,于是一块崭新的手表戴到了我的手腕上,那一年我十五岁。

在当时,拥有一块手表基本相当于今天买了一辆车,真是干啥都有精神头,上学都喜滋滋的, 上课回答问题的声音也更加洪亮了,平时爱打架的我,那几天见了谁都笑呵呵的。这样美了没几天,我的手表突然丢了,几乎全家所有人都认为我在撒谎;过几天见手表真的不见了,他们又一致认为是我拿去偷偷卖了。我没有卖就是没有卖,可无论我怎么解释,他们就是不相信,我纵然有千张嘴也说不清,真是有口难辩呀,于是我就无奈地默默蒙受了这不白之冤。此后的几天,我一直无精打采,一为心爱之物的丢失,二为遭受亲人的误解。

几个月后,在我渐渐忘了这件憋屈事、不再惦记这块表的时候,家里糊墙搬大柜,我被"派"到柜后打扫卫生,正好脚踩到了一个硬东西,拾起一看竟然是我的那块表,擦去尘垢依然光亮无比。这种欣喜远比新买块表更让人兴奋,因为它为我赢得了尊严:我没有撒谎!

所以,我非常能体会信中这个孩子的痛苦。

为什么我们的家长就这么不相信孩子呢?从心理学上讲,这是社会刻板印记,孩子的"好"与"坏"早在最初就深深刻在家长的潜意识里,况且有的家长一旦对孩子有了某种印象就不愿意改变,总是戴着有色眼镜看待孩子,就如信中的这个孩子的父母,认为孩子以前学习不好,现在就不可能突然学习好了。他们忽略了辩证法则:好的可以变坏,坏的也可以变好。没有哪个人是一成不变的,人总是随着社会环境的变化而变化,尤其是孩子。

"贼的儿子不一定是贼,而法官的儿子也不一定就是法官。"这是印度电影《流浪者》中的著名台词,事实也是如此。浪子尚且能回头呢!我们的孩子有些微小的不足,怎么就该被一竿子打死?所以,请家长要摘掉有色眼镜,用发展眼光科学而理性地看问题。

依依上高中住校一学期后,为了保证睡眠,也为了更有效地学习,孩子提出了退寝通勤的想法。通勤后,上学和放学要乘坐学校的校车。当我答应她的要求后,她说自己去找车队队长办理通勤手续。虽说当时孩子只有十三岁,但我相信她的沟通能力,所以就同意她自己去谈了。

三天后,孩子乐呵呵地拿回了校车通勤证。这期间,为了通勤的时间(各年级学生放学的时间不一样)、站点、车费等问题,依依先后三次到办公室与车队队长沟通,经过几次"艰苦卓越"的谈判,她终于能坐上学校的校车上、下学了。

在很多家长看来,这应该是大人的事,一个小孩子只要把书读好、把学习搞上去就行,这种和学习无关的事情哪能让一个小孩子去办呢?说到底还是对孩子的办事能力持怀疑态度,不相信孩子能办好。

孩子有时比我们想象的要强

因为我们做家长的不信任孩子,不放心让孩子去尝试,所以总是认为孩子什么也做不好、什么也不会做。其实,很多时候孩子比我们想象的要强。

依依八岁的时候,曾有过一段初到乡下读书的日子,这期间发生过一件换座的事情。

一天,孩子回家对她妈妈说,班上又新来了一名同学,因为自己旁边的座位是空的,而且又在第一排,所以老师顺手就把他安排在自己旁边了。可是这个新同学个头很大,而且还比她大四岁。不仅上课的时候挤占她的位置,还经常欺负她。依依叨咕说,不想和他做同桌了,可是老师总不调走他。

过了几天,依依突然告诉我:"我谈判成功了!"我急忙问她怎么回事,她说她找老师谈了,老师给她换新同桌了!我听了很高兴,忙细问了过程。依依说,那天下课后她追着老师来到教室外,对老师说:"老师,我们谈谈好吗?"然后提出换同桌的想法。为了让老师答应自己的请求,依依事先想了很多理由,比如同桌上课淘气,老做小动作,不是碰掉了依依手里的铅笔,就是晃动着身子把桌子弄得乱晃;他上课听不懂的时候,老问依依什么意思,不仅影响依依听课,他自己也不能得到很好的帮助;他总把依依挤到桌子一角,要多难受就有多难受;他是班里个子最高的,却坐在第一排,会挡着后面的同学看黑板……

依依说,当她一口气对老师说完自己的理由,老师不住地点头:"你说得真好,一条一条的理由这么充分,今天我就给你换一个新同桌。"

依依神采飞扬地冲我一挥手:"哇塞,我的问题就这样轻易解决了!老师在下节课就给我换了新同桌!"看着依依高兴的样子,我由衷地表扬她:"做得好!自己的问题自己解决,而且还解决得这么圆满,这说明你的沟通处事能力很强啊!"

如果不是这件事,谁会想到一个八岁的孩子这么有办法呢!所以我们不要总是怀疑孩子的能力,信任他,他也许就会给你一个意想不到的惊喜。

好家长·要牢记

贼的儿子不一定是贼,而法官的儿子也不一定就是法官。

163

我的力量来自您的信任

☁ 孩子来信

老师您好，我是一名十四岁的男孩，但说起来您可能不会相信，我从没玩过海盗船，没坐过过山车，甚至没有独自驾驶过碰碰车。我是个胆小鬼，这是大家公认的。

但我觉得不能完全把这说成是我的错，我想我父母也是有责任的。

我从很小的时候起就和同龄的孩子不太一样。我的个头还没有比我小一岁的邻家妹妹高，我不爱说话，文文静静的我看起来是很乖巧的一个小孩儿！可惜我是男孩子，男孩子本来不应该像我这样文静的。爸爸妈妈总是特别小心地呵护我，就像在第一段中写的那样，凡有一点点危险的事情，我妈妈就绝不会让我去做。结果弄得我现在都这么大了，很多事情都没有做过的，这常常被同学们拿出来当笑话说。我曾经因为这些事情和妈妈理论过好几次。可是在她的心里，仿佛我是一直长不大的孩子，只要她认为是小孩子不可以做的事情我就永远也不能做。

前不久，在我家里发生的一件事深深地刺痛了我的心。不能再

164

这样下去了,我的生活应该有所改变,我不要再懦弱地任凭摆布。

事情是这样的:那次家里的电脑中了很严重的病毒,不断地出现死机的情况。因为爸爸要用电脑炒股票,所以他非常着急,要抬着机箱去电脑城修。我那时候在学校的计算机课上刚好学到了给电脑做系统,于是我对爸爸说,我可以帮他修电脑,并且用不了多长时间。可是爸爸却很不屑地说:"你一个小孩子能干什么,还不是新奇好玩,只会给大人添麻烦,你别瞎捣乱了,我还要赶时间呢!"我家住在东环路,要倒两趟公交车才能到修电脑的地方,再说拿着笨重的机箱也不方便。于是我恳切地对爸爸说,我一定会很快就修好的,只要去楼下的音像店买张系统盘就行。可是,即便这样,爸爸也不为所动,甚至还有些生气地说我耽误了他的时间。

结果是他花了一下午的时间才把电脑修上,而我在家都闷了一下午……

人都说经常犯错误的孩子才会不被相信,可是我并没有啊!从小到大,我在学校不惹老师,在家里听妈妈的话。可是不知道为什么,爸爸妈妈就是不信任我。

东子老师,我看过范姜国一的书,她被允许做很多事情,甚至可以独自在家里过夜。

我爸妈也看了不少您的书,还给我买了《范姜国一的快乐初中》这本书。可是他们依然不懂得放手让我自己做事情,也不相信我能做好,所以我一点都不快乐。我承认,很多东西我都不会,胆子确实也很小。可是凡事都有第一次不是吗?他们连试一试的机会都不给我,我又怎么能长大呢?我做梦的时候都向往着有一天我的父母可以对我发出赞许的目光,对我说:"儿子,这件事就交给你了,相信你能行!"

165

可惜,从来都没有。

我一直希望我的爸爸妈妈可以信任我,这样我也会有勇气去做那些我不曾尝试的东西。我现在越来越大了,我已经开始明白自己应该成为一个什么样的男生、将来做一个什么样的男人了。可是,没有父母的信任,我的自信又从何而来呢?

☀ 东子给家长的建议

要相信自己的孩子

相信孩子,就应该让孩子按照他自己的主观想法发展自己,就应该理解并尊重孩子,就不要总是否定孩子。

孩子的成长过程是一种生命状态。我们可以把孩子想象成一粒种子,相信孩子一定会按照一定的自然机制去发展,如此便不会把自己的担心传导给孩子,孩子就可以自由地发展自己。如果我们不相信孩子会"自觉"地长成一个成人,我们就会用我们能想到的所有方法去扭曲他们,最终破坏他们的自然发展机制,使他们受到伤害,甚至为他们的一生带来痛苦。

为孩子创造了什么样的环境,孩子就会发展成什么样的人。如果信中这个男孩的家长不是急于去电脑城修电脑,而是让自己的孩子先尝试着找找原因,动手修一下,其结果会大不一样。

一种可能是通过孩子的努力真的就把电脑修好了;另一种可能是没有修好又复原了;还有一种相对糟糕的结果,就是把电脑修得更坏了。如果事先做些备份,出现最后一种情况的可能性很小。也就是说,通过这次突发事件给孩子一个机会,那么也许你将收获一个阳光、自信的儿子。电脑坏了又怎样,难道儿子不比电脑更重要吗?

况且,这只是最坏的情况,孩子还有可能把电脑修好啊!所以,我们的家长要信任孩子,要给孩子机会。不一样的做法,会有不一样的结果。

在这方面,我有切身体会。

现在女儿依依的计算机操作水平和电脑综合知识,已经远远超过了我,她定期还会帮我整理一些相关资料。

不过我也曾犯过这方面的错误。依依十岁时的那个暑假,我在网上查了一些资料下载在电脑里,为了便于阅读,我打算把台式电脑里的资料考到我的手提电脑里,由于我忙于其他事情,依依就自告奋勇地过来帮忙。过了一会儿,依依高声说道:"爸爸,怎么打不开呀?"我过去一看,她把刚拷过来的文件都以"快捷方式"的形式保存在桌面,而其"根目录"在 U 盘里,U 盘里的文件已经被她删除了,所以根本无法打开。于是,我到"回收站"去找删除文件,竟然一个没找到。当时我就大声责备她,认为是她主观不认真才导致文件丢失。

过后,依依给我写了一封信,讲述了被我冤枉的不悦心理。看完信,冷静下来,我意识到自己错怪了孩子,尽管依依比一般的孩子精通电脑,可她毕竟还是一个孩子,她的这方面知识还很有限,再说她主观上并没有恶意。无论对谁,"知错必改"是我做人的一贯准则,最后我的道歉换来了孩子的笑脸。

此后,我不仅没有阻止孩子帮我弄电脑,还不时地向她请教,孩子的自信得到了极大地提高，电脑操作水平也越来越娴熟。

信任是力量的源泉

陶行知先生早在半世纪前就指出：教育孩子的全部奥秘就在于相信孩子和解放孩子。通俗地解释一下，就是要赏识和信任孩子。

朋友之间、同事之间贵在信任。在家庭里，父母与子女之间，也同样需要信任。作为父母，给孩子以充分的信任，孩子就会乐观自信。

信任是一种富有鼓舞作用的教育方式。在家庭教育中，父母的信任可使子女感到他们与父母是处于平等地位的，从而促使他们对父母更加尊重、敬爱，更加亲近、服从。这既增进了父母对子女内心世界的了解，又使父母教育子女更加有的放矢，获得更好的效果。反之，若父母对孩子持不信任或不够信任的态度，就无法了解孩子的愿望和要求，孩子的自尊心和自信心必然会因此受到伤害，他们对父母的信赖也势必减弱。这样，家庭教育的效果也会相应减弱。所以，家长在教育孩子的过程中应该信任孩子。

信任孩子，会让孩子认为，这是父母对他能力的认可，是父母对他莫大的肯定。因此，没有哪个孩子愿意辜负这种信任。于是，这种信任便转化为孩子努力做好事情的巨大动力。

女儿依依乐观与自信，很大程度就是我对她信任的结果。

在前文中我已经提到，依依很小的时候提出自己去上学，最初出于安全考虑我没有答应。而当确定她能独自处理上学路上可能会碰到的诸多问题之后，我放手让孩子自己上、下学。每当看到别的父母牵着孩子的手把孩子送到学校门口，还要千叮咛万嘱咐的时候,依依总是流露出骄傲的表情——在那些孩子面前,她内心充满自信。类似的事情还有很多,只要条件允许,我就会大胆让孩子去尝试,然后给予孩子鼓励和赞赏。在我的"开放式"教育下,依依越来越具有"闯荡"意识,什么事情都敢于尝试,越是难度系数大的事情,越能激发她体验一把的好胜心。

"你懂什么"、"你别瞎胡闹"、"你根本不行",这是许多家长常挂在嘴边的一句话。殊不知,这是伤害孩子自尊心、自信心的最"恶毒"语言。每当孩子听到它,自然会泛起难言的苦涩:父母都不信任我,我还有什么前途?甚至有可能会因此自暴自弃、一蹶不振。所以说,信任是孩子成长的最佳"滋补品"。

给大家讲讲我的一位刚从北大毕业的年轻朋友的故事:

这位朋友小学和初中的学习成绩都不错,但是到了高中却一落千丈,无论她如何努力成绩都始终在班级 25 名左右徘徊,为此她非常苦恼、非常迷茫。

高一寒假的时候,这个女孩的一位从北京回家探亲的表叔来看望她的父母。很自然的,家里的大人们谈到她的学习情况,女孩的父母连连叹气,表叔却说,小姑娘形象不错,普通话也可以,而且还学过钢琴和舞蹈,虽然学习成绩一般,但如果再努力一下,去考北京广播学院(即现在的中国传媒大学)的播音主持专业一定没有问题。

表叔的信任让女孩顿时看到了希望。从此以后,女孩的整个学习状态都发生了翻天覆地的变化:每天早上六点起床,六点半拿着饭盒出去,有课上课,没课上自习;晚上吃完饭之后接着上自习,一直到熄灯才返回宿舍。

这样的日子她坚持了两年。

两年之后,这个女孩出人意料地考上了北京大学。那两年的火热学习状态,一直是女孩一生中最美好的记忆之一,至少到现在为止,谈起这段往事,女孩依然感觉那是最幸福的时光。

这就是赏识的魅力,这就是信任的力量。每个孩子的潜力都是无限的,关键是在这个孩子的成长过程中,作为家长的我们是否给予了孩子信任,是否给孩子一个合适的目标和方向,是否发现了孩子身上的光芒"引爆点"。

家长和成年亲人对孩子的信任,对孩子就是一股强大的力量,它可以增强孩子的进取精神,有了这种精神,孩子就可以跃过一道道路障,踏上人生的坦途。

好家长·要牢记

信任是一种富有鼓舞作用的教育方式。在家庭教育中,父母的信任可使子女感到他们与父母是处于平等地位的,从而促使他们对父母更加尊重、敬爱,更加亲近、服从。

第 5 篇

爸爸妈妈，您能鼓励我吗

不要总盯着我的不足

🌼 孩子来信

叔叔,我是个笨小孩,今年上小学六年级,最大的愿望是听到爸爸妈妈的鼓励。

"你怎么这么笨?"这是妈妈常挂在嘴边的话,每每听到,我心里便一阵抽搐。难道我很想这样吗?我已经很努力了,可惜,笨就是笨,这是我改变不了的事实。

今天的天气很差,从早到晚,天上一直飘着乌云。可这不算什么,因为在我心里,已经下起了倾盆大雨。第16名,这是我期中考试的成绩,公布下来时,我特别高兴,因为比上次前进了3名,这是我上小学以来最好的成绩了。可是回到家里,妈妈却拉着脸说:"你有什么好高兴的,才进步几名?卷子上照样全是叉。"只这一句话,我的世界顿时变得乌云密布。看见我脸色变了,妈妈继续说:"你们数学老师不是说你学习特别认真吗?怎么才考了73分?这就是你认真的结果?"我撅着嘴一句话也说不出来。

其实,我的成绩在上升,只是速度慢了点儿。这是我惯用的方法,用来安慰自己,可是这一次,我还是忍不住哭了起来。

173

"知道丢人就要更加努力，难道没听说过'笨鸟先飞'吗？还不快点去学习！"说完，妈妈就转身进了卧室，不再理我。我多想说出来掉眼泪的原因：我不觉得自己丢人，我只是觉得委屈。哪个孩子会和我一样，学习进步了还要受到家长的指责。我已经很努力了呀！难道妈妈就不能给我一个微笑、一句表扬，或是一点点鼓励吗？

不知道为什么，妈妈总喜欢盯着我的缺点，仿佛我不是她亲生的孩子。一句简单的赞赏真的就那么难？哪怕只是鼓励也好啊！但是这对我来说，已经变成一种奢求了。我甚至想，不鼓励我也行，只是不要总是盯着我的不足就好了，可这个愿望也很难实现。

还记得上个周末，妈妈的一个朋友来串门，当时我正在抄写语文生字。那个阿姨见到我就说我是一个漂亮的小姑娘，可妈妈却说学习不好光漂亮有啥用。随后阿姨进到我的房间，立刻发出赞叹，说我的屋子比客厅整理得还干净。可是妈妈却不以为然地说："会整理屋子有什么用，难道以后当保姆去吗？"那个阿姨笑笑不语，过一会儿又说我学习认真。"认真？是挺认真，就是学习成绩差，看这破字写的，和鸡爬的差不多。"那个阿姨干笑两声，返回了客厅，妈妈就和人家聊起了别的事情。可是留在卧室里的我呢？只想钻到桌子底下，大哭一场。我确实有很多缺点，但是用不着这样盯着不放吧！我不需要爸爸妈妈每天表扬我屋子收拾得干净、做事情井然有序，可是至少不要天天唠叨我的不足啊！

在妈妈的眼里，我是一个没有任何优点的孩子，是个一无是处的孩子，她看不见我的闪光点，只抓着我的缺点不放。我不想要这样的妈妈，我希望有一个能安慰我、鼓励我的好妈妈……

※ 东子给家长的建议

要努力地寻找孩子的长处

俗话说得好,"金无足赤,人无完人"。古今中外的许多伟人、名人其实都有明显的缺点,可他们仍然是伟人、名人啊! 伟人、名人不是没有缺点,只是最大限度地发展了自己的优点。家长们对自己的子女是"望子成龙,望女成凤",他们总是怀着急切的心情希望自己的孩子比别的孩子强,于是就会总盯着孩子的缺点不放。只要孩子达不到大人的要求,他们就横加指责,而对孩子的长处却总是熟视无睹。

作为孩子,他们需要的是适度的表扬与激励,而不是无止无休的谩骂与批评。让我们站在孩子的角度想想吧! 73 分是孩子辛辛苦苦取得的,第 16 名是孩子付出了很多努力获得的。这是一个既有上进心又认真学习的好孩子,这样优秀的好孩子都得不到表扬,那我们的表扬又要留给谁呢?

我认为,这个孩子的最可取之处还不仅于此。她能在成绩一直不理想、家长一直不认可的情况下,依然不松懈、不气馁。她用成绩慢慢上升,来安慰自己、鼓励自己。这是多么难得呀! 现实生活中,很多孩子因为学习不理想、得不到家长的认可,往往会自暴自弃,不仅荒废了学业,而且还养成很多不良的行为品质。可这个孩子不仅没有放弃,反倒自我宽慰执著地坚持着,具有这种心理品质,要比考到更好的名次更有意义,这样的孩子的人生才会走得更远、更稳健。

孩子,无论你的父母怎样对待你,东子叔叔在这里都要向你竖起大拇指:你不是一个笨小孩,而是一个聪明、懂事理的好孩子。虽然叔叔没有见过你,但是通过这封信可以看出你是一个非常可爱的孩子,你是好样的!叔叔相信你会做得更好!

作为父母,我们不要总是盯着孩子的缺点不放,而是要努力地寻找孩子的长处,并用欣赏的眼光看待孩子。孩子毕竟是孩子,当然会有他的不足之处,如果我们经常骂孩子"笨蛋",否定他的能力,孩子可能变得比你想象的还要笨。我们要尽可能多一些赞美,少一些指责。赞美孩子,相信他们,并帮助孩子正确对待自己的问题,用激励引导他们战胜困难。

著名的儿童教育家福禄贝尔说:"与其批评孩子,不如真心地鼓励孩子,这会起到比批评更好的效果。"是的,这就是告诉我们家长与其批评孩子的缺点,不如赞美孩子的闪光点,鼓励孩子去努力,帮助孩子建立自信心。

如果孩子生活在鼓励中,他便可以学会自信。做家长的应利用孩子的这一心理特点,无论孩子做什么事,只要他想去做就要给予肯定与鼓励。同时,还要善于发现孩子的点滴进步与成功,给出适当赞赏,使他们积累积极的情感体验。再有,鼓励也包括接纳孩子的失败与不足。因为孩子正是在经历错误与失败的过程中进行学习的,所以,只要孩子付出了努力,家长就要给予肯定和支持,要以宽容的态度对待孩子的过失。千万不要总盯着孩子做得不好或不足的地方去挑毛病。家长若对孩子否定多、指责多,就会使孩子产生自卑心理。

对孩子的期望值不要过高

望子成龙、希望孩子有个美好的未来本无可厚非,但是任何事情都应有个度,请记住:物极必反!

咱们还要说说这学习的问题。

每逢期中、期末考试过后,一些家长常会讨论孩子的分数:"你的孩子考了多少分？班上第几名？"

"分数"和"名次"俨然已经成为他们唯一关心的。

有些家长片面夸大分数的功能，以分数高低作为判断学习优劣的唯一标准。看到孩子考试分数比前次高了，就喜上眉梢，认为孩子学习努力了，成绩进步了，进一步推论孩子懂事了，在学校各方面表现肯定优秀。于是，更高的要求随之而来。

家长普遍对孩子有较高的期望与要求，这是可以理解的，但不能期望过高。父母为孩子的发展所定的标准要适当，应考虑到孩子自身的特点和能力，不能主观地总用过高标准去要求孩子。标准过高孩子达不到，屡遭失败，会产生持续失败的挫折感，积累消极的情感体验，最终导致孩子丧失自信心。

广西桂林市的陈女士希望十三岁的女儿将来成为万众瞩目的歌手，于是她为没有音乐基础的女儿请了一位声乐家教，每周上课三次。每天早晨，陈女士都按照家教老师的要求，陪着女儿练声。可练了近三个月，女儿的歌唱水平不但不见提高，反倒没法唱歌了，就连朗诵课文都很吃力，平时说话的声音也是忽高忽低。

到医院一检查，原来由于喉咙长期处于紧张状态严重充血，声带出现了两个小结。陈女士后悔莫及，为了让孩子变成明星，害得孩子连正常说话都成了问题。

父母在教育孩子时总想一步到位，这种急于求成的做法是不切实际的，它忽视了孩子的发展是一个渐进的曲折过程。信中的这个孩子，如果不是因为父母期望过高、要求过于苛刻，孩子的进步也许会更大。这个孩子今天的进步是她一步步进取的结果，考到第16名就已经是她历史最好成绩了，那也就是说，她以前的成绩可能是第26、第36甚至是第46名。拿最初的第46名来说，如果家长当时就要求孩子考到前10名，那就是不切合实际的过高期望，而如果希望孩子向前 40 名迈进就很恰当。试想,如果孩子每学期的期中、期末两次考试都能进步三个名次,那么六年下来就是三十六个名次,就可以出班级的第 46 名跻身前 10 名。

况且,这个小女孩不仅仅只知道在课业学习上努力。现在的孩子有几个能把屋子收拾得干净、做事情井然有序的?可这个孩子却能做到,这说明她具备一定的动手能力,且勤勉、爱干净、做事有条理。而这些都是考多少分也换不来的优良品质和能力。

每个孩子都有长处和短处,别老盯着孩子做得不好的地方,否则那真的会成为孩子真正的缺点。否定是摧毁孩子自信最有力的武器。

每个人都希望被人关注,孩子更是如此。那些眼睛只盯着孩子缺点的家长,对孩子的一些优点总是视而不见,或是觉得孩子做得好是理所当然,不值得大惊小怪,而孩子的一些不良行为往往更易引起父母的注意。如此一来,孩子很容易会做一些能引起父母注意的负面行为,而不愿去做父母毫不理会的事情。其结果会是怎样,我想家长们都想得出吧!

所以,父母应多关注孩子,对良好行为和点滴进步给予及时肯定与奖励,那样孩子回报给你的就是你的期望所在。

好家长·要牢记

著名的儿童教育家福禄贝尔说:"与其批评孩子,不如真心地鼓励孩子,这会起到比批评更好的效果。"

成绩下降不是我所愿的

🌸 孩子来信

东子老师,您好!

我今年十四岁,即将升入初三。

听说,爸爸十四岁的时候就当上了孩子王,每天带着一群比他小的男孩疯玩儿。可是现在的我呢? 每天头顶着"乌云",只能哀声叹气。只怪我生错了时间吧,在这个"成绩至上"的年代,做学生可真不容易,尤其是成绩不好的学生。

想当年,我也是稳居前 3 名的优等生。爸爸妈妈总骄傲地和朋友说:"我从不过问他(指我)的学习,但这孩子倒学得很好。"可是一上初中,我的"想当年"就一去不复返了。初一上学期,我考了第9 名,爸妈虽然没说什么,但当别人提到我的成绩时,爸爸妈妈便说:"学习方面,我不太管他,能跟上便行。"谁知我的成绩从此竟"得寸进尺"起来,一直往下掉。

初二下学期的考试成绩出来了,第 21 名。

家长会过后,妈妈再也克制不住,对我大发雷霆:"你每天在学校都干什么了,为什么成绩一直在下滑?"我没有回答,尽管我真的很认真学习。如果这样对妈妈说,她肯定不会相信,与其被视作说谎或狡辩,不如等妈妈冷静下来再解释。让我没想到的是,我的沉默,被妈妈理解成默认。没办法,我只好为自己辩护,可这一次又成了狡辩。

"我真的很认真学习。不信你问问我们老师、同学!"

"我问他们干什么啊,我就问你。"妈妈指着我的鼻子说,"你要是好好学习,没扯些没用的,刚才为什么不吱声?"

"我不是怕你太生气嘛!"

"怕我生气?你考成这样的时候,有没有想过我会生气?"

"那你又想过我的感受吗?你以为我想让成绩一直下滑吗?"我当时也生气了,若在平时,我绝不会顶撞妈妈,可那时我觉得自己快被逼疯了。成绩下降了,谁会比我自己更郁闷吗?作为我的母亲,却只会一味地指责我。她只想到,我的成绩下降了,她会在朋友那儿丢面子,可是却想不到,成绩下降的人,心情是怎样的。

再有不到两个月的时间,我将成为初三的学生,面临人生中第一个转折点。按我现在的成绩,考一个普通高中也得是自费生,我的压力,他们难道不了解吗?妈妈总觉得我还是小孩子,贪玩、不思进取。可我一直都是很用功的学生。从小到大,老师都夸我认真。

小时候爸爸妈妈总是教育我,要通过自己的努力得到自己想要的东西。我喜欢让老师和家里人表扬我,于是我努力学习。但上了初中以后,单凭自己努力就能把成绩搞上去是不可能了。知识越来越难,就算我起得再早,睡得再晚,也只是浪费时间。

我的成绩确实在下降,但这并不是我所希望的事情,为什么等待我的永远是生气的脸、责骂的话,而不是一句温暖的安慰呢?也许一句安慰,不能让我的成绩上去,但它会成为我努力的动力,不是吗?

☀ 东子给家长的建议

成绩不好不一定是笨

很多家长和老师认为,孩子成绩不好是脑筋笨的原因,其实这种看法有失偏颇。根据我的调查了解,学习不好的孩子有很多原因,大多数是缺乏学习兴趣或是学习方法不当,再就是孩子没有尽心努力,只有很少(不超过 5%)的孩子是因为智力因素所至。

从来信可以看出,这个孩子不属于那 5%之列,否则它不可能有过稳居前 3 名的好成绩。所以,这个孩子肯定不是因为笨才导致成绩下滑的。根据他的叙述,能看出来这是一个努力学习的孩子,而且对学习还存有兴趣,如此说来,只能是他的学习方法不当才会导致成绩不理想。当然,这里面还有一个外因,那就是家长缺乏正确的引导。如果家长和孩子能好好沟通一下,分析一下原因所在,然后对症下药,这个孩子的成绩就不会再下滑,说不定还会迎头赶上去。

邻居家上初三的小伟就和这个孩子的情况差不多,成绩处于中等,总分徘徊在 400 分到 420 分之间,所以当时班主任给小伟定位的是一般高中,或者是录取分数比较高的职校。小伟的爸爸妈妈为此很忧虑,找到我诉苦。我告诉他们要和孩子一起分析原因,找到解决问题的办法,并伴以相应的鼓励,孩子的成绩就会逐渐提高。

之后,小伟爸爸找小伟谈了话,爸爸很肯定地对小伟说:"儿子,我相信你一定能进重点中学的。"小伟当时一下子傻了。小伟想:"按照我这个成绩,怎么可能进重点中学呢?"但是爸爸花了一个下午的时间和小伟一起分析了现在的学习状况,告诉小伟不足在哪里,优势在哪里,然后对小伟说:"这段时间,你只要努努力,把薄弱环节补上来,上重点中学肯定没问题。"

从那天起小伟信心倍增,觉得每天复习起来充满了动力。他主动找到各个科目的老师,请教不懂的问题,多做多练,多看多听。模拟考小伟进步了不少,结果中考的时候,小伟发挥超常,以 470 分的总分考入了一所很不错的重点高中。

对于成绩处于中等的同学而言,考试结果如何,关键取决于信心。家长应该多给予鼓励,孩子也一定要给自己多打打气,如果自信心能得到极大发挥,相信结果定能出人意料。小伟同学虽然平时不是很优秀,但是因为平时学习认真,他的基本功还是比较扎实的,最大的问题还是对自己的信心不足,所以家长和老师的鼓励很重要。

低分可能也是一种进步

目前,在"以分数论成败"的应试教育为主导的教育环境下,中国的教育已经沦丧到全面追求分数的极端。老师、家长统统都围绕"拼成绩"、"争高分"这一个目的;而学生学习自然也只有一个目的,那就是考高分。

又想起那句老掉牙的话:"分分分,学生的命根;考考考,老师的法宝。"在一切只看分数的教育大环境下,成绩的威力一点不亚于皇帝的上方宝剑,它几乎掌握了每一个学生的"生杀大权"。

大家都知道,只有考高分才能升学、才能挤上"独木桥"、才能由此改变命运。分数是学子通往高等学府的阶梯,是通往高质量人生的敲门砖。只有考高分,才有资格选择条件好一点的高中、大学。

对于学生来说,从上学第一天起,家长和老师就灌输给他们一种思想:考高分、上重点才是学习的最终目标。没有一个好分数,就是没前途。所以,孩子们都把分数看做脸面。考好了扬扬自得、充满自信,自我感觉良好;考不好,则会很自卑,自觉低人一头,自己把自己就划到"差生"的行列。

因此,在学生看来,分数与自尊紧密相连,有了高分数就可以抬起头走路,否则只能每天蜷缩在角落里,忍受老师的白眼、同学的轻视。日子久了,大家就模糊了学习的本来目的,仿佛到学校来接受教育,只是为了考高分、上重点学校;仿佛学习就是为了获得高分数,而非为了获取知识、发展自我。

其实,学习是一种综合性的劳动,涉及方方面面,考试分数只是从一个侧面反映了孩子的学习情况。其他个人能力,如分析与解决问题的能力、动手实践能力、理解与运用知识的能力、与人合作的能力、语言表达能力、交际能力、组织能力、协调能力、适应能力、抗挫折能力等,从某种意义上说要远比分数更重要,它是一个人能否成才的关键。

不过,我想告诉家长们,既要关心孩子的考试分数,又不要把它看得过重,更不要"唯分数论",误认为分数高就是学习好,学习好就会有出息。一项调查表明,现代社会所需要的人才共有 128 项指标,而卷面考试只能考出 47 项,很多重要指标如意志、毅力、反应、合作、创造、口才、管理等能力是考试考不出来的。

即便孩子考了低分数,也并不意味他在退步,因为考低分的因素有很多，比如考题难度大，全班整体分数都不高；再如由于某些原因，这次没有发挥好……所以，如果有时孩子没考好，成绩下降了，家长不要不问理由地埋怨，更不要训斥，我们应该理解孩子的心，鼓励他再努努力，"下次会好的"。

不少学生曾有过这样的困惑：以前对学习抱着无所谓的态度，成绩还是不错的；于是心想，如果再努力点成绩就会提高更多，可结果总是事与愿违，自己的确努力多了，成绩反而比过去差了，弄得心里烦乱不堪……

我们必须明确一点，学习成绩与努力程度之间并不存在简单的线性关系。要取得好成绩，需要具备的因素有很多，调整心态，改善认识，优化策略，不失为提高成绩的良策。

孩子的成绩波动属于正常情况，家长不必紧张。对于孩子的成绩，家长要高期望、低要求；低要求就是足够地包容孩子的发挥失常，孩子才更有信心和更好的状态。重要的不在名次，而在孩子的心情，呵护好孩子的心情，他才能有好成绩、好未来！

好家长·要牢记

学习是一种综合性的劳动，涉及方方面面，考试分数只是从一个侧面反映了孩子的学习情况。

有您的支持,我才会变得手巧

孩子来信

东子叔叔,您好!

我是一名农村女孩,今年十三岁,上初中一年级。最近我的心情很低落,根本没法专心学习。希望能得到您的帮助。

事情发生在今年的"五一"假期。我们的村子并没有初中,所以从上中学开始,我便去乡里上学了。因为距离远,就干脆住在了学校,每个周末回家。"五一"学校放了七天假,刚好赶上家里面种地。爸爸妈妈见我回来都很高兴。

回家后,我没有跟着爸爸妈妈"下地",而是留在家里照顾弟弟、打扫卫生。接近傍晚时,我想爸爸妈妈种了一天的地,很辛苦,想做顿热乎的饭菜给他们吃。于是我开始生火做饭。

我虽然已经十三岁了,但独自生火做饭还是第一遭。往常只是给妈妈打个下手,或是热剩菜。真到自己掌勺的时候,多少有点手忙脚乱。我拼命回忆着妈妈的做法,忙乎了一个多小时,终于弄出一顿简单的晚饭。等我做好以后,外面的天色已经暗下来了。

我得意地欣赏着自己的"作品",就等着爸爸妈妈的表扬了……

可是妈妈回来后,看看桌上的饭菜,又看了看我,似乎很生气的样子。

"谁叫你做饭的? 还穿着干净衣服,弄得灰头土脸的。"

我莫名其妙地看着她,就算我把衣服弄脏了,也是因为分担家务呀,怎么不表扬我,反而还批评起我来了? 我撅起嘴,刚想辩解,却听炕上的爸爸说:"这是什么玩意儿? 难吃死了。"

我和妈妈进到屋里,看见爸爸正在吃我做的菜。妈妈也拿起筷子尝了一口:"这孩子真是,白瞎了我的粮食。"

"你们什么意思,就算做得不好吃,至少也要鼓励我一下。"我的眼泪夺眶而出。

"鼓励你? 你把饭菜做成这样,我不揍你就算是轻的,你倒委屈了?"妈妈边说边坐到了炕沿上。

"我这不是第一次做菜嘛,谁生下来就会做菜? 下次肯定比这次做得好。"

"下次? 算了,可别祸害粮食了。"听了妈妈的话,我的心像被针扎了似的,连饭都吃不下去了。妈妈把剩下的晚饭,全都喂了猪。

我在猪圈边上看着两只猪分抢着我第一次做的菜,心里极其难受。或许我做的饭确实很难吃,不然一向节俭的妈妈也不会把它倒了喂猪。但是当她把那些我用了一个多小时才做出的饭菜都喂了猪时,心里有没有想过我的感受? 我也很想把饭菜做好啊,可是偏偏没有那个能力。

那夜,我平生第一次失眠了,躺在床上,我想了很多很多……

第二天,我乖乖的没有做晚饭,只等妈妈回来,站在厨房里想要学学艺。我们家厨房在村子里算是小的,除去两个大锅台和碗柜,还要放烧火的东西。于是我站在那里就显得很碍事。

"别在这瞎晃,耽误我干活。"妈妈不耐烦地说。

"我想和您学学做菜。"

"先出去,那事儿以后再说,没看我忙着吗?"

于是,前一天晚上计划的事成了泡影。被爸爸妈妈打击了以后,我决定要学做一手的好菜,可是又被妈妈从厨房赶了出来。这下我就更上火了。我真的很希望有一天能帮爸爸妈妈做饭做菜,可是他们不支持我……

☀ 东子给家长的建议

培养孩子的动手能力

"勤快的爸妈养懒惰的娃娃,而懒惰的爸妈却育勤劳的娃娃。"这话从某种角度来看,是有一定道理的。

在我的老家,有一个出了名的"懒妇"。家里脏乱得一塌糊涂,她也不收拾,邻居都不愿意去串门。她每天除了回家吃饭,就是在外面打麻将。可是想不到的是,她的两个女儿一点点长大,竟一个比一个勤快,从七八岁开始就承担起做家务的重担。尤其是大女儿,简直把妈妈该做的工作都做了。人们都说,这两个孩子生活在这样的家庭可惜了。可我觉得,也许正是因为生活在这样的家庭,两个孩子才这样勤快、能干。

同样,我也见过勤快无比的妈妈。女儿都读初三了,袜子还是妈妈给洗。因为要上早自习,孩子每天都要起很早,哪怕自己休班,

187

妈妈也要起得更早给女儿做早餐。然后一大早骑自行车把女儿送到学校去。而晚上妈妈无论白天上班多累,都要坚持给孩子做夜宵,看着女儿吃下去,把女儿换下来的衣服洗干净了,伺候着孩子睡着了,才肯上床休息。除了把女儿照顾得妥妥帖帖之外,平时她从不用孩子动手做家务,即便孩子要刷碗,她都夺过来自己干。

结果,孩子读高中的时候住校,不到两天就哭着跑回了家,说什么也不去了。原来,吃完饭孩子不会刷碗,同学们都笑话她。衣服脏了,更是不知道怎么洗……

所以说,能干的妈妈养大的孩子大多自理能力差。而那些懒妈妈,因为帮不上孩子什么,好多事情都不得不让孩子自己去做,孩子也就能够早早自立,早早照顾自己和家人。

这是一个渴望自立的孩子,这是一对没有培养孩子自立意识的父母。孩子能主动下厨做饭,无论结果怎样,她的出发点都是好的,既是为父母分忧又是勇担责任,不管结果怎样,做家长的都不该批评。首先应该要肯定孩子的行为,并给予鼓励和支持,当然还要告诉孩子做饭的相关知识和注意事项,比如用火的安全常识,饭菜的烹饪常识,等等。

孩子能做饭,不仅仅是为家长减轻了家庭负担,更主要的意义,在于孩子动手能力的提高和自信心的增强。

如今不仅是在城里,即便是在农村,家长也都十分溺爱孩子,舍不得让孩子干活,再苦再累一切都由自己代劳。不让孩子自己动手,或者动手了但却没做好就给一顿责骂。这样做会有怎样的结果呢?

让孩子把做家务当成一门功课

你让孩子做家务吗?大多数家长恐怕都会摇摇头;你在家里做家务吗? 大多数孩子可能也要摇头了。

现在的孩子越来越远离家务了。据教育研究部门统计:在城市中小学生中,完全不做家务的占85%以上!

如今家家只有一个孩子,孩子在家里被祖父母、父母娇宠着,享受着小皇帝、小公主般的待遇,大人们爱都爱不过来,哪舍得让孩子做家务?而且好多家长认为做家务会耽误学习,孩子的主要任务就是学习,怎么能做家务呢? 所以,当孩子提出可否试着做家务的时候,大部分家长都会说:"不用你,你去写作业吧!"做父母的希望孩子多才多艺,希望孩子学舞蹈、学绘画、学唱歌,什么都想让孩子学,可就是不让孩子学做家务。还有一部分家长竟然认为做家务是没出息的表现,孩子有本事应该好好读书、考大学,将来做"高贵"的人,家务只要请钟点工做就行了,没有必要现在学着做。

总之,父母的眼睛只盯着孩子的学习,把提高成绩放在教育孩子的第一位,而对于自理能力的培养,实在是漠视了又漠视。

事实上, 做家务不仅不会影响学习, 反而还对提升孩子的能力、提高学习成绩有帮助。首先,做家务可以锻炼孩子的动手能力和解决问题的能力,这个直接作用于孩子逻辑思维能力的提高,可以提高孩子的数学以及物理的学习能力和语言逻辑能力。其次,做家务可以培养孩子的自信心, 孩子会做的事情越多, 自信心就越强,整个人也就越乐观。再次,通过做家务,孩子会深深体味到父母的辛苦,从而可以培养孩子的责任心。最后,劳动可以锻炼身体,让大脑得到充分的休息。

我从来没想过做家务的这种种好处，我只是觉得让孩子做家务是应该的。所以我把做家务当成一门功课，让依依像学语文、学数学一样认真地去学它。

依依真正做家务，是从五岁那年买菜开始的。此后，依依时常主动请缨，帮她妈妈下楼买东西，每次都买得很利索。

上学后，收拾餐桌是依依每天要做的"功课"，还有扫地，也是由她承包。有时候她还会挽起袖子刷碗，一水池的碗常常要刷上半个小时，还弄的一身都是水。但是依依乐此不疲，经常"主动请缨"，要她妈妈把好洗的碗留给她。

依依做家务，最突出的表现是做饭。当听我们说，我和她妈妈很小就会做饭的时候，依依也跃跃欲试，申请了好几次。但考虑到煤气安全问题，我一直没有答应，所以依依只能给我们打打下手，比如择菜、洗菜等，很多时候我正在厨房忙活，她就跑过来喊："爸爸，我来做你的助手吧！"后来，她还是不甘心只做"助手"，要自己上灶演习一番。八岁生日刚过不久，在我的"指导"下，依依第一次掌勺，可惜手忙脚乱，西红柿炒鸡蛋煳得没法吃了。

过了不久，依依从电视上学会了制作蜂蜜小甜饼，于是又一次"请战"。这一次由她妈妈在"阵前"监督。按着依依的吩咐，她妈妈给她把面粉、白糖、牛奶、鸡蛋、蜂蜜、植物油等各种配料准备齐全，依依便开始了自己的制作"工程"了。不一会儿，锅里飘出一股香气，小饼的两面都被炸得黄黄的，可以出锅了！依依关了火，小心地用铲子把小饼一个个铲到盘子里，端到餐桌上。当她吆喝着"开饭啦"的时候，俨然一个小英雄。此后，只要是简单的饭菜，依依就会主动请缨来当主厨。我们也乐得放手，等着吃现成的。

大部分家长认为，孩子上学的时候只要把学习搞好就行，像做饭啊这类家务事长大了自然就会了,何必现在牵扯孩子的精力?这种思想还是建立在"学习第一"的基础上,其结果就是孩子即便长大了也不会照顾自己。做饭或许学会了,可依赖性并不是一天两天就能改变的,独立意识和自理能力也不是立即就能生成的。那些上大学带着保姆的孩子,恐怕永远也不可能长大。

让孩子学会照顾自己,打理自己和家人的生活,是孩子需要学习的一门重要课程。如果您真正爱孩子,那就让孩子每天坚持做力所能及的家务。

孩子心灵手更巧

女儿依依在她出版的《范姜国一的快乐初中》里这样写道:

在《玩过小学》(范姜国一出版的第一本书)里,我向大家介绍了很多我的手工作品:印地安人笔筒、漂亮的贺卡、三条腿的桌子,等等。这些作品既有实用价值又有欣赏价值,而且还能愉悦心情。在闲暇时候,我经常会做些小手工,这也是丰富课余生活的好活动。

上中学后,校园里开始流行起十字绣。十字绣是一个手工活,是做手工的人一针一线地在底板上绣十字,借以组成一个个图案,这是个费时费力的手工活,可不怕挑战的我也想试一试。于是我买了一个很可爱的底板,自己拿回家研究去了……

一周过去了,虽然我每天都抽出时间来绣一会儿,可是十字绣的进展速度却很慢,我虽然充满信心,坚信自己一定能绣出精致好看的作品,可一向急性子的我还是有些沉不住气,心里想:这样绣得绣到猴年马月去呀? 于是我生气地决定不绣了。

就这样过了两天,心里渐渐觉得不甘:如果不继续下去的话,前面的努力不都白费了?况且,半途而废也很对不起这个十字绣。它被我买回来,却得不到很好的应用,可惜了!想着想着,我竟对这个小小的十字绣心生愧意起来,所以为了它,我也应该坚持下去!

于是,我又重操针线绣了起来。如今,一个很可爱的轮廓已经展现在我面前了,虽然技术不是很好,绣出来也显得很粗糙,但是我很快乐,我将继续快乐地做着一个又一个手工制品。

手工除了用来欣赏,有时还有一定的实用价值。

去年的父亲节,我绞尽脑汁为爸爸做了一个香包,可以挂在车里,净化空气。首先我翻箱倒柜找到了一块旧布,又找了一块棉花,随后我把一些像花瓣一样有香味的东西包在了棉花里,最后就是最重要的一步:把这些东西一起缝在旧布里面,这就要靠技术了,我偏偏就输在了这一环节。

香包做出来以后,香倒是很香,就是做工有点差,让人有一种看了一遍不想再看第二遍的感觉。不过也不能说它一点优点都没有,起码它很结实!总之,它是我自己亲手做的,没有借助一点外力,就算有点粗劣,也不是很精致,但是毕竟表达了我的一份心意,所以爸爸很高兴地收下了这个礼物。

除此之外,我在教师节还做过手工玫瑰送给老师,那是我用铁丝和海绵做的,很漂亮。另外,我还自己做过存钱罐、小筐子、相框、玩具猪、坐垫……我最满意的是家里厨房墙壁上的粘钩,是用来挂厨具的,本来爸爸是想买几个用,但是在我的强烈要求下,爸爸同意让我动手做一个,我一激动,就做了七个。那是用铁丝、海绵和胶带做成的,先把铁丝弯成钩,再用胶带固定住,最后在有缝隙的地方塞上海绵,这样铁钩就不会因为重物的拉扯而掉下来了。

做手工不仅能提高我的动手能力,还能让我心情愉悦。有时手工作品还具备实用性,这些都是让我一直坚持做手工的动力和原因。

依依就是这样一个心灵手巧的孩子。孩子的成长结果与家长的教育理念及教子态度有很大关系。试想一下,如果当初我也如大多数家长一样,对的她自立意识和自理行为不鼓励不支持,那么可能就不会有今天这个动手能力强的依依了。

好家长·要牢记

让孩子学会照顾自己,打理自己和家人的生活,是孩子需要学习的一门重要课程。

有您的掌声我会更加自信

孩子来信

东子叔叔,您好!

我是一名初一新生,开学以来,我一直过得很开心,可是上周发生了一件事,让我一直郁闷到今天。

本来那是一个应该铭记的日子——我中学生涯的第一次开学典礼。为了营造气氛,学校决定每个班可以请5位家长来观礼。想来的家长有很多,名额却有限。但我并不担心,想想就算只有一个名额,也应该是我的。因为在那一天,我将代表所有初一新生到主席台上致辞。这样令人激动的时刻,我的家长当然应该在场。果然不出我所料,老师的想法也和我一样。

回到家,我兴高采烈地告诉妈妈, 她可以去参加我的开学典礼。可是妈妈并没有表现得特别高兴,只是和我确定了时间,说尽量去。我当时以为妈妈怕我紧张,才这样说,就没有在意什么。

典礼那天,我一直在后台站着,想着观众席上一千多双眼睛,还真的很紧张。虽然上小学时总在班级里讲话(那时我是班长),但还从未面对过这么多人。可是后来我说服了自己,至少妈妈在台下看着我,我只要看着她的眼睛说话就不会紧张。于是,轮到我讲话时,我一边往台上走,一边在几十位家长中寻找那个我最熟悉的身影……

但是,我没有找到。当我已经站在话筒前时,我又仔细地寻找了一遍,我确定,妈妈并没有来。可能是我在话筒前站的时间有点长,可能是我的表情不对劲,下面的同学开始窃窃私语。我只好开始发言,结果表现得不是很好。过后老师问我是不是太紧张了,我没说什么,只是暗暗流下了眼泪。

放学回到家后,我问妈妈为什么没有去。妈妈却淡然地说:"我说了,我尽量去,可是今天单位领导一直在,我走不开呀!"

"那您就不能请半天假?"我撅起嘴来。

"请假?请假不得扣钱吗?这孩子,一点不懂事。"

我当时真的不知道说什么好。我不懂事?我是不懂,我不懂为什么我的事情竟然比不上她半天的工资重要。她常常说,挣钱是为了让我更好地生活,可是我的生活难道就只需要钱吗?难道她不了解,我更需要她的鼓励和掌声吗?

还记得一年前,我参加一个少年轮滑比赛。那时候我十一岁,是参赛选手中年龄最大的。我的直排轮老师说,我是他所有学生中最有可能拿到名次的。结果,我得了第2名。当时,老师的学生中还有一个男孩得了男子组的第3名。他的爸爸妈妈都来了,甚至还用摄像机把他的比赛过程全录了下来。

颁完奖、领了证书之后,那个男生的家长,说要让我们两个得奖的小孩合个影。照完之后,那个阿姨问:"你的爸爸妈妈呢?我给你和你的家长也照张照片吧,留个纪念!"我尴尬地笑笑:"他们工作太忙了,没来。"当时我的心里酸酸的……

☀ 东子给家长的建议

家长的掌声是对孩子最好的鼓励

看到这个孩子的来信,让我想起了几件我去依依学校参加活动时发生的事情。这些年,学校的家长会或是其他什么活动,只要不是事先已安排了工作,我基本都会去参加。有时特别重要的活动,我甚至会推掉已经安排好的事情去参加。

依依还不满八岁就跳级上了小学四年级,一天放学回家后,依依告诉我,过几天学校要开家长会,同时还要举行开学典礼,还要请我代表所有学生家长讲话。孩子自豪而又严肃地说:"老爸,你可要去呀,而且不许迟到!"我一边点头一边翻看日历,恰巧那天我答应了一个杂志社的朋友谈开专栏的事。后来,我告知那个朋友推迟了和她的约定,参加了学校的开学典礼,满足了孩子需求,给了孩子必要的尊重和鼓励。

去年,我经常到外地开会,而有些会议和讲座的时间安排恰好和家长会冲突。如此一来,这一年孩子的家长会我已有两次委托他人代劳了。

两个月前的一天,依依放学回家告诉我,第二天下午学校要举办期中考试奖励大会,想请我去参加,并神秘兮兮地说:"我可能要受到表扬。"恰好第二天我没有安排别的社会活动,只是按计划要在家写稿子。于是,我便答应了孩子的要求。第二天,我准时到校参加了这次大会。依依因期中考试总成绩年级第 7 名的优秀表现被评为"学习标兵",得到学校的表彰并获得了证书及电脑包、保温杯等奖品。回到家,我和依依再次击掌,分享了她成功的喜悦,并约好晚上带她出去吃一顿大餐。这既是对孩子的一种鼓励,又是一次难得的亲子互动。

依依刚上高中时,学校组织新生军训,军训开始的第一天有个仪式,其中有一项是新生代表致辞。依依代表1000多名参加军训的孩子讲话,由于仪式是在部队举行的,家长都不能参加。尽管不能亲眼见到依依的优秀表现,但我还是很高兴。为了鼓励孩子,我还帮助她修改了讲稿。在我的帮助和鼓励下,依依出色地完成了这次登台任务。

回过头来,我们再说说信中的这位家长。我无意非要将她和我自己做个比较,但她的做法确实让孩子很失望。小姑娘质问得不是没道理,孩子的成长难道还比不上半天工资重要吗?真的希望有类似情况的家长好好想想,我们要给孩子的是什么,而孩子真正需要的又是什么? 违背孩子意志的做法会有怎样的结果呢?

确实,如果不去参加学校的相关活动,我可以用这半天时间来写一篇稿子,换来不菲的稿费收入;或者我也可以去做一场讲座,拿回几千元的劳务费; 我也可以用这个时间去打打保龄球或者读书看报……可这一切,跟孩子的成长比起来,哪个更重要呢?

家长参加孩子的活动是对孩子的尊重与肯定, 这是无声的掌声,而这种无声的掌声,就是对孩子最好的鼓励。

家长的鼓励让孩子更自信

比尔·盖茨是全球家喻户晓的人物,他在短短的二十年时间里创造了惊人的财富,取得了举世瞩目的巨大成就。

197

比尔·盖茨在创办微软公司后,给他的父母写了一封信。其中有一段话是这样说的:

"亲爱的爸爸妈妈,谢谢你们!你们从不说我比别的孩子差,尽管我在某些方面确实不如别的孩子,可你们总是会对我说:孩子,你不比任何一个孩子差,相信自己,你是最棒的!正是你们阳光般的鼓励,使我拥有了强大的自信心做动力,一步步地走向成功,走向人生的辉煌!"

父母要对孩子给予鼓励,处处流露出"我的孩子很棒"的态度,使孩子更加自信。因为父母对孩子的态度很重要,父母肯定、和善的神情,会让孩子感到信心十足。

积极的心理暗示一旦形成,就如同风帆一样,会助人成功;相反,消极的心理暗示一旦形成,又不能及时消除,很可能会影响一生。

当孩子做事失败了,我们要告诉孩子,失败是正常的,不要泄气,要充满信心重新开始。孩子在我们的鼓励中会很快树立信心,他会记住:失败一次,不等于永远失败。

女儿依依初跳级的时候,期中考试英语只考了 47 分。孩子哭着回家,心情沮丧到了极点。我没有半句批评的话,只是拍着她的肩膀"告诉"她:"宝宝,你考了 47 分已经很不错了。这说明这 47 分的知识你全掌握了!想一想,和你们班同学相比,你比他们小两三岁,而且少读了一年书,他们考 80 分、90 分,你考 47 分,一点也不比他们差啊!爸爸相信你可以找到原因调整好状态,再赶上去的!"果然,在三个月后的期末考试中,孩子的英语考了 97 分。

由此,孩子越发自信,遇到失败不气馁,鼓起勇气再战,越战越勇。

家长的身影和声音都是一种力量

依依在刚跳级到小学三年级时,正赶上学校要举行运动会。由于孩子上学早,再加上跳级,所以在班级里,无论是年龄还是个头,她都是最小的,明摆着无论她参加什么比赛项目,都很难取胜。可是依依的参与意识很强,极力要求参加运动会。

尽管我心里很清楚,参加比赛的结果99%是失败,对依依来说一定会是一个打击,但我还是积极支持她,并私下做通了班主任老师的工作。依依得到了参加运动会的机会,代表班级参加立定跳远和60米速算两个项目的比赛。

比赛那天,尽管我很忙,可还是抽时间来到现场,一是想为孩子拍几张照片,二是给孩子加油鼓劲。

比赛结果很好预料,在那些比自己高一头的选手当中,依依无论如何努力,成绩也难以取胜。一场比赛下来,孩子眼里含着眼泪;两场比赛结束后,看着别人上台领奖,她终于哭了起来。

回到家,依依扑到我怀里伤心地掉眼泪。我摸着她的头说:"爸爸看到了你在运动场上的表现,虽然你的成绩没有别人好,但是在爸爸看来,你依然很棒!只要有不怕输的精神,将来的胜利一定会属于你!"

在我的安慰下,依依破涕为笑,她说,在比赛现场,当她看到我的身影时,浑身都是劲,所以虽然比赛输了,但有爸爸在,她就什么都不怕。

由于工作关系,我经常出差在外,有时候三四个月都见不到女儿。但不管我在何地,最多隔一天,我就会要让孩子听到我的声音,让她知道爸爸依然在她身边,以此给她力量,激励她奋进。同时,我会不时地给她发信件或电子邮件,鼓励她要坚强、乐观。

给予孩子鼓励其实是一件简单的事情,每天给孩子一句赞美的话、一个充满鼓励的眼神,或者带着赏识和欣慰的神态摸一摸孩子的额头、拍一拍他的肩膀,那么你将从孩子的眼睛里读到三个字——"我能行"!

如果信中的这个孩子在讲台上能够看到妈妈熟悉的身影,看到那双充满温情的明眸,她定会信心倍增,最后也不会表现失常。所以说,家长的身影和声音其实是一种力量,是可以给孩子勇气和信心的力量。

好家长·要牢记

> 积极的心理暗示一旦形成,就如同风帆一样,会助人成功;相反,消极的心理暗示一旦形成,又不能及时消除,很可能会影响一生。

您的安慰就是最好的鼓励

🌸 孩子来信

老师,您好!

我是个性格内向的孩子。因为内向,从小我就很难交到朋友。上了初中以后,我好不容易交到了两个好朋友,她们一个坐在我的后面,一个坐在我的邻桌。一下课,我们便会聚在一起,聊天谈心,总有说不完的话题。我一直觉得这样的日子很幸福,只可惜,一周前,这样幸福的日子结束了。

上星期,我们原来的班主任被车撞了,听说是粉碎性骨折,要住在医院里很久,于是学校给我们换了新的班主任。新班主任上任做的第一件事情,就是分座位。依据不是学生的个子高矮,而是在班级内的排名。我的学习成绩一直不好,所以被老师从第一排调到了第四排,我的两个好朋友却成了同桌,坐在第一排。

分桌以后,我明显感觉到她们比以前更要好了,和我却变得疏远起来。刚开始的时候我们还一起吃午饭,后来她们就不再叫上我了。每到课间的时候,我总是显得很孤单。我心里很难受,于是把这件事情和妈妈说了。最初的想法是听听妈妈的意见,看看有什么办法可以让我们三个回到从前;就算没有解决的办法,至少也可以在妈妈那里得到一些安慰。没想到妈妈却很不以为然:"她俩不和你玩儿,你就找别人呗!"

"我不知道和别人说什么。"

"一看你那没出息的样儿我就来气,要不是你学习赶不上人家,人家能不理你吗?"妈妈指着我的鼻子狠狠地说。我没吭声,默默回到自己的屋子里。本来是想在妈妈那儿寻找安慰,结果却越发难受,更加不知道该怎么办了。

我虽然是个内向的女孩,可并不喜欢独来独往,甚至讨厌这种没有朋友的日子。我一直觉得,妈妈就是我第一个朋友,也许妈妈不会提出什么好建议,但至少我可以在她那里得到一丝安慰吧,哪怕是一句"不要灰心"、"应该往好的方面想"之类的话也行啊!那会是一种力量,让我有勇气,忘掉现在的不如意。可是妈妈一句类似的话也没说,她觉得这件事都是我的不对。没错,确实因为我学习不如人家才会被安排到后面。可是谁不想有个好成绩呢?这是我的主观问题吗?下课的时候,没有人理我,我已经够难受的了,妈妈却一点也不理解我……

还记得上学期开运动会的时候,一个跑 4×400 米接力的女生,在之前的比赛中歪了脚,于是我这个替补只好上阵。没想到我刚接到棒儿就被另一个女生给绊倒了,当时我穿着不及膝盖的短裤,结果可想而知,两个膝盖无一幸免全挂了彩。回到家,妈妈看见我这个样子,问我是怎么弄的,听完原因后,便带我去楼下的诊所擦药。那个医生帮我洗伤口时,疼得我快要哭出来了。妈妈却在一边说:"活该,看你以后还逞能不?"听了她的话,我努力让自己忍住疼痛,心里却无比的难受。我都受伤了,她却还在嫌我逞能,这哪是一个妈妈该说出口的话。

☀ 东子给家长的建议

家长的安慰是对孩子最好的鼓励

在日常学习和生活中，孩子常常会因为遇到无力处理的挫折或难以摆脱的困境,从而产生焦虑、忧愁、愤懑、羞耻、痛苦等情绪。这些不良情绪对孩子的身心发展是不利的。它不但会使孩子尚未健全的神经系统失调,甚至还会使大脑皮层细胞遭到破坏,使机体的正常功能发生紊乱,容易诱发疾病,而且也会对机体活动产生抑制作用,削弱孩子的活动能力,使他们变得暴躁、消沉,久而久之形成不良的性格特征。

在这种情况下,家长该怎么办? 当然是要对孩子进行安慰。通过安慰,使孩子平静、愉悦,从消极的苦恼情绪状态中走出来。

对孩子进行安慰也有方法和技巧, 方法不当同样不会收到很好的效果。

首先,我们要对孩子给予理解和同情。比如信中的这个孩子为好友的疏离而苦恼,做家长的就要理解孩子的苦衷,同情她的失友之痛。对于一个十几岁的孩子,尤其是性格内向的孩子,好不容易交到几个好朋友,又由于客观原因使友情变淡,孩子的痛苦是可以理解的。这时我们做家长的不该指责她,而是应该耐心倾听孩子的心声,并给予必要的安慰。如果孩子参赛摔伤那么就更应该给予安

203

慰了,而且还要肯定她的积极参与精神。

同情孩子的苦恼,是父母从心理上接近孩子、了解孩子苦恼原因的重要手段。在很多孩子的心目中,父母对自己的苦恼往往是无动于衷的,至少是不理解的,因此他们一般不愿意把自己的苦恼及苦恼的原因告诉父母。因为告诉父母也无济于事,其结果不是换来嘲讽,就是不以为然,甚至有时还会受到指责和批评。

孩子为什么会这么想,因为很多家长都是这么做的。一个真正关心自己孩子的父母,在孩子苦恼时一定要表现出同情,让孩子知道,他不是一个人在苦恼,父母对此也是注意的、关心的。这样,孩子就会在心理上得到慰藉、在情感上得到满足,就会主动向父母倾诉苦恼,使苦恼情绪得以宣泄排解,得以缓和消除。

在孩子遇到令他痛苦、伤心的事情时,父母要对他的苦恼表现出关切之情,不要把孩子的痛苦抛之脑后,或者不以为然。应该尽可能用各种方法安慰和帮助孩子,学会用你的手去抚慰,用你的胳膊去保护,必要时把孩子搂抱在怀里使他恢复平静。

一个连最起码的同情心都没有的家长怎么可能是好家长?父母应该成为为孩子分忧解愁的人,孩子遇到了愁苦之事便置之不理,甚至横加指责,这些父母应当自醒。作为家长,我们应该明白,安慰本身就是对孩子的一种鼓励。

告诉孩子心态要平和

事事顺心,那只是我们的美好愿望,生活中不如意事十之八九,所以我们还应告诉孩子,要保持平和的心态。朋友离去了,我们可以再交其他的朋友,受了伤总是可以治愈的,所以心态很重要。

有了平和的心态,就能正确对待得失苦乐,顺其自然,就能活得轻松自然。没有平和的心态,整日在得失取舍上考虑,心灵不得安宁,看什么都不顺眼,就会心浮气躁。

女儿依依在读初一上学期时,全年级共有十二个班600多名学生,学校在每次考试之后都要按成绩为600多名学生排名次。然后在下次考试的时候,从第一到最后一名学生,按照顺序被依次安排到第1考场、第2考场、第3考场……每个考场30人,总计二十个考场。

依依当时的成绩在全年级属于中等偏上,如果按这个标准安排考场,她应该被排在第8、9考场。可是,因为她的学籍不在该校,所以每次考试,她都被安排在第19考场。坐在19考场,孩子心里很不舒服。担心同学们误解她、看不起她。因为有这样的想法,孩子特别不喜欢考试,每到快要考试的那几天,她总是闷闷的。而考试那几天,更是时时不痛快。每次进出考场,她都是低着头快步地走,尽量避免和熟悉的同学打照面。

依依跟我抱怨道:"如果真的是我学习成绩不好,也就罢了。可事实并非如此呀!所以我很不情愿、很不甘心接受这样的安排。"我先是安慰了依依,而后对她说:"首先这个现实我们改变不了,那我们就要适应它。其实,在哪个考场不重要,重要的是自己的心态。不要在意别人怎么想、怎么看,用成绩来说话,用进步来回答,那才是最有力的。"

听了我的这番话,以后再考试的时候,虽然依旧是第19考场,但依依却是挺胸抬头大踏步走进去的……

当今社会,"竞争"、"争强好胜",已成为教育孩子的中心内容,而"平常心"却被忽视了、冷落了。其实,"平常心"并不意味着"不求上进",培养孩子的平常心,在物欲横流的今天尤为重要。

家长要为孩子及时解忧

缺少困惑的成长过程，是略显不完整的。

人在成长过程中要经历许多迷惘与困惑，孩提时代的迷惘与困惑，需要有人为他们解疑释惑，需要有人帮助他们抹掉心中的问号。这个人，可以是以"传道、授业、解惑"为己任的老师，更多时候恐怕还得家长"亲自上阵"。

从呱呱坠地到长大成人，每个孩子都会遇到不少的困惑，除去学业的压力，这样那样的"小问题"也会始终萦绕在他们的心头。由于有些问题总是那样的难以启齿，孩子们往往不知所措，于是便开始自己看书"钻研"、私底下与同学讨论……

一代人有一代人的追求，一代人也有一代人的困惑。随着社会和经济状况迅速发展，"90后"的成长环境也在不断变化，尤其是社会价值观、家庭结构与功能、社会信息的传播、人际交往的形态、教育制度的改革、就业结构的转型等，都给他们的成长带来了不同程度的压力和挑战。

文中这个孩子的困惑主要来自人际关系。学生的人际关系是指在学生在学习生活、日常生活和交往生活中，同学之间、师生之间、亲属之间在相互交往时所形成的比较稳定的心理关系。良好的人际关系是中小学生全面发展的要求，是身心健康成长的要求，是适应现实和未来社会的要求。

人际关系是个人社会化的桥梁，对青少年来说，最为重要的是与同伴交往，它对人产生的影响最大，因为这种交往是一种平等地位的关系。一个学生生活在群体中，其处世、为人、思想、言行总要反馈到别人的头脑中，形成别人对自己的各种看法，引起别人对自己的各种评价和议论,这对于客观、全面地认识自己也是很有好处的。

　　一个人若没有良好的人际关系,就不可能愉快地度过一生;一个学生若没有良好的人际关系,就不可能拥有快乐的学生时代。

　　同学间总会由于这样那样的原因,发生一些小矛盾、小冲突,其原因主要是因为相互间缺乏心灵的沟通,缺乏尊重与理解。他们往往希望得到别人的尊重,却不知道如何尊重别人;他们渴望得到别人的理解,却不懂得去理解别人。

　　家长应该学会运用心灵沟通的方法来调节孩子们之间不和谐的关系,可以试试角色换位法,这可以促使他们更多地考虑到对方的处境,从而相互同情、相互谅解,建立一种互助友爱的人际关系。

　　为孩子解忧不是等孩子忧愁了才去做,而是要防患于未然,未雨绸缪,做好预防,使孩子尽量少产生困惑。当然,再好的预防也不能彻底杜绝坏事情的发生,一旦出现了问题定要及时为孩子排忧解难,这样你才有可能成为好家长。

好家长·要牢记

　　在孩子遇到令他痛苦、伤心的事情时,父母要对他的苦恼表现出关切之情,不要把孩子的痛苦抛之脑后,或者不以为然。

第 6 篇

爸爸妈妈，您能赞赏我吗

我的自卑是因为您很少肯定

孩子来信

东子叔叔,我今年十三岁了,是个不快乐的女孩,因为我很自卑。

我长得很丑,至少妈妈是这样认为的。刚上小学时,爸爸妈妈离婚了,这几年我一直跟妈妈一起生活。小时候,我并不知道自己长得难看,只是妈妈总是揪着我说:"怎么长这么黑?像你那个死爸。"每次她帮我搓澡,总是很用力,仿佛如此一来我黑黑的皮肤就能被搓白一样,有好几次,我发现脖子都被妈妈搓红了。后来,妈妈不再说我黑,而是常常问:"你怎么这么丑呢?"是的,我就是这样一个丑孩子。

每当家里来了妈妈的朋友,那些阿姨只能用"文静"、"老实"这样的词语来形容我。每到这时,妈妈总抱怨,这孩子,长得一点也不像我,难看死了,我都不乐意带她出门……那些阿姨便劝妈妈说,长大就会好的,女孩子小时候都不好看,长大就长开了。可是这话似乎并不适合我:如今我已经是中学生了,依然还是丑丑的样子,就连我自己都嫌弃自己。

211

　　我喜欢的童话故事里,每一个善良的女孩都很漂亮,只有黑心的巫婆才会长着很丑的脸。我并不黑心,长的却和巫婆一样。我不知道是童话里忘记写我这样的女孩,还是我真的只是个坏心肠的人。不会有人乐意和一个丑姑娘交往的,所以我没有朋友。

　　在花开的八月,我离开了缺乏美好回忆的小学,升上了中学。因为我没有变漂亮,自然也不会有人喜欢我。期中考试家长会后,妈妈很生气地把我叫到她的房间说:"老师说你表现得很不好。"我莫名其妙地看着她,这次期末考试,我考进了班级的前10名,虽然没有小学时的成绩好,可是老师不会只对第一名满意吧?简单回想了一下,我也并没有惹是生非。到底是哪里表现不好呢?

　　"上课从来不主动发言,还不合群。老师找你谈话也不吭声。光学习成绩好有什么用,你想变成书呆子吗?"我依旧不做声,因为我不知道怎么回答妈妈的话。她说的也是事实,但我不是不合群,而是别人不喜欢和我玩儿,所以我才能有多余的时间看书、复习功课。

　　"看你那没出息的样子,你倒是吭一声呀,是哑巴吗?和别人说话都不会!"妈妈见我不说话,显得有些生气。

　　"我不敢。"我轻声说道,我怕他们拒绝我,我怕他们和妈妈一样,嫌我丑……

　　"真是没出息,你是跟老虎、狮子一起上课吗?竟然说不敢……"妈妈一边生气地絮叨,一边去厨房做饭了。她不再问我什么,也不再多看我一眼。无奈,我只好回自己的房间看书。

　　小学时,老师在家长会上给成绩好的学生发带"奖"字的本子,每次她拿回来,便直接扔给我,连一句表扬的话也不说。我原以为只要努力,就可以从别的方面讨得妈妈的喜欢。可是无论我怎么做,她都不肯定我……

☀ 东子给家长的建议

家长绝不可嫌儿丑

有道是"儿不嫌母丑",可母又怎可嫌儿丑呢?

这是一位什么样的母亲?显然这不是一位好母亲,可她又为何这样对待自己的孩子呢?从来信综合分析,我认为很大程度上是这位母亲的一种迁怒情绪所致。婚姻的破裂给她带来的痛苦,她无法言说,但还必须找个宣泄的空间和对象,如此一来,孩子就成了她的"出气筒"。

任何人都可以说孩子丑,唯独家长尤其是母亲不可以说孩子丑。况且,"丑"也是一个相对的概念。不管孩子长得怎么样,只要健康就好,家长应该为拥有一个健康懂事、还爱学习的好孩子而自豪才对呀!

所以,这位家长需要调整心态,进行自我心理疏导,必要时可以找心理医生诊治。家长心态调整好了,对孩子的态度转变了,孩子才有可能丢掉自卑,才会拥有自信和快乐,这个家庭才会幸福。

自卑是一种性格缺陷,人的自卑性格的形成往往源于儿童时代。自卑的孩子一般会有很多明显的特征,比如胆怯怕羞、喜欢独来独往、猜疑心重、缺乏自信等。儿童偶有怕羞纯属正常,但是过度胆怯,如不愿抛头露面、不敢接触生人,则可能源于其内心深处隐

213

藏着的强烈的自卑情绪。一般来说，正常儿童都喜欢与同龄人交往,并十分看重友谊。但有自卑心理的孩子对结交朋友兴趣索然,往往喜欢独来独往。自卑的孩子在某一方面会表现得很敏感,他们会很在乎家长、老师、小伙伴对自己的评价,特别是对家长的批评指责,往往会表现得愤愤不平。另外,有自卑心理的孩子普遍缺乏自信心,这点相信大家已经达成了共识。

而在诸多造成自卑的原因中,长相不好看是一大主要诱因。

日前,武汉大学社会科学研究所,在武汉城区数所中小学进行了抽样问卷调查。接受调查的学生有300人,从八岁到十六岁的各个年级学生都有。在调查中,有160余人感到自卑,其中130多名学生坦言,长相不美是自己自卑的最主要因素。这些学生表示:平时同学中没有人夸过自己的相貌,就连家长也从来没有肯定过自己的长相。

据了解,一些家长为了让孩子安心学习,很少夸赞孩子的外貌,担心孩子会因此变得贪慕虚荣,不把心思用在学习上。为此,一些家长甚至直言孩子长相不佳,以打击孩子的"臭美"言行。

家长这样做可谓用心良苦,但这些做法无形中给了孩子不良暗示,那就是"你长得不讨人喜欢"。长相有缺憾,使人有自卑感。这种自卑感,压抑了自信心和上进心,甚至会影响孩子的一生。但是,有缺憾的人并不是一无所长、一事无成的,比如信中的这个孩子,首先作为学生她一直学习都比较好,这不就是该得到我们的肯定与表扬的吗?

林肯出身低微,年轻时所受的教育不多,而且长相极丑,走在街上别人都要多看他几眼。他不修边幅,衣服总是穿得不合身,说话也总是不得体。他也曾为此自卑过,他的母亲不仅没有因此嫌弃他,反而时常鼓励他。最终使他成为美国人民最尊敬、最爱戴的总统,为美国的统一、和平、发展作出了巨大贡献。

家长揭短是对孩子极大的不尊重

俗话说"打人不打脸,骂人不揭短"。不打脸是因为脸是人身体经常露着的地方,是人的门面,就是常说的"脸面",人要脸树要皮嘛,打别人脸就是最不给人面子,就是对他人的最大不尊重。

我们都知道"尊重他人就是尊重自己"。这个"他人"是指除却自身之外的所有人,当然包括你的亲人、朋友。所以,与你骨肉相连的孩子既是你的至亲,又是"他人"。

人人都有各自不同的成长经历,都有自己的缺陷、弱点,也许是生理上的,也许是隐藏在内心深处不堪回首的经历,这些都是他们不愿提及的"疮疤",是他们在极力隐藏和回避的问题。被击中痛处,对任何人来说,都不是什么愉快的事。对于他人身上的缺陷,万万不能用侮辱性的言语加以评论甚至攻击。人可以吃闷亏,也可以吃明亏,但就是不能吃"没有面子"的亏。无论是什么人,只要你触及了他极力隐藏的"伤疤",他定会采取一定的措施进行反击。这样做的目的也无非是求得一种心理上的平衡。

如果经常揭孩子的短,一旦孩子的心理承受能力达到极限,那也许就会疯狂地"反击"。这种"反击"有两种最常见的形式:一是就此消沉,二是暴力回击。任何一种方式都会令家长痛不欲生,可见,给孩子必要的尊重和肯定是化解危机的良策。

尊重孩子,首先我们要了解孩子的自尊需求。自尊,是指一个人自己尊重自己,不允许他人轻视,并希望自己在各项活动中取得一定成就的心理品质。从心理学上讲,自尊是一种极为尊贵的心理

品质，期盼社会能尊重自己，是每个人的天性，是每个正常人的内在心理需要。

马斯洛在他的"需求层次理论"中，将人的需求分为五个层次，其中，对尊重的需求是人的一种本能需求。自尊心对孩子而言，是他们的精神支柱，是向善的基石。苏霍姆林斯基曾经说过，要像对待玫瑰花上的露珠一样，对待孩子的自尊。

缺乏自尊的人，会自甘落后、不求上进，这种消极思想将影响学习和生活。

尊重人，是教育人的前提；只有从尊重人的角度出发，才能产生合理的教育措施，才能取得良好的教育效果。任何一个心智正常的人都有被尊重的需求，一个人只有受到尊重，才能发挥潜质，才可能有获得成功的可能。

然而，很多家长都和信中的这位家长一样，忽视了孩子的自尊需求。

当孩子屙到裤子里或尿湿了床时，他们会当着其他小朋友的面大声呵斥孩子；当孩子在学校考了较低的分数时，他们会向奶奶爷爷等其他亲属大肆"宣扬"；当孩子拿了别人的东西时，他们大动肝火、疾言厉色地训斥，甚至骂孩子是小偷；当孩子长得不如他们的意时，他们会肆意贬损、侮辱……

尊重孩子的人格，孩子才会愉快地接受你的帮助和教育。所以，日常生活中，家长在孩子面前的一言一行，都须经过大脑"过滤"，切莫在信口开河时无意间"揭"了孩子的"短"，使得孩子大失面子、大伤自尊，进而对他们的心理造成严重的负面影响。

家庭是孩子最安全的港湾，如果父母伤害了孩子的自尊，不但会使亲子关系出现隔阂，更糟糕的是，很容易使孩子出现过激行为。尤其是孩子进入青春期后,随着成人意识的增强,他们的自尊需求会更加强烈,忽视孩子的这种需求,您的家庭教育注定是失败的,孩子的人生更可能会错失幸福。

所以,在此我忠告家长朋友:即使您有天大的不幸,也不要将它转嫁到孩子身上,那样对孩子太不公平了。在某种程度上,孩子本身也是受害者,您再这样打击这颗弱小的心灵,不等于再一次伤害孩子吗? 自私的宣泄,一时轻松,将会带来一生的遗憾!

好家长·要牢记

> 尊重人,是教育人的前提;只有从尊重人的角度出发,才能产生合理的教育措施,才能取得良好的教育效果。

我的消沉是因为您很少赞许

孩子来信

　　东子老师,我是一名正在上初二的男生。在别人眼中,我似乎很少笑,也不爱说话,一点生机也没有。可这并不是我的性格。

　　我原本也是个活泼可爱的孩子,特别喜欢和别人开玩笑,还特别喜欢搞恶作剧。可是现在的我,就连微笑也变得很苍白、很无力。

　　记得小学三年级时,有天我放学回家,妈妈急忙把一个塑料袋塞到了我的手上,说是让我送到楼下的尚叔叔家。当时我刚从外面跑回来,还呼呼地喘着粗气,没听清妈妈的话。于是,我把妈妈给的东西送到楼上的叔叔家去了。

　　送完东西,我高高兴兴地回到家,准备接受表扬。谁知道,等待我的却是妈妈的指责。先说我是不是聋了,又说我笨,这么大孩子,送个东西都能送错。我看见她当时的表情,都吓傻了。不就是送错个东西吗? 大不了要回来,再送对就好了,妈妈的反应实在让我想不明白。不知道的,还以为我是弱智呢!

　　按理来说,对一件小事情反应都这么激烈的妈妈,应该是个小题大做的人才对。可是,在某些事情上,她却变成了"大题小做"

的人。

　　比如,初中第一学期的期末考试,我考了全班第 10 名,这可是上小学时也未曾有过的好成绩。回到家,我把成绩单往茶几上一放,等着妈妈的表扬。谁知妈妈看完成绩单却说:"才一个学期,说明不了什么,中考考好了才算数。"说完,便转身进了厨房。望着她的背影,我的脑子忽然有些"短路"的感觉。此后,妈妈对待我的好成绩还是这样的态度:别骄傲,争取在市里也拿个名次……

　　如她所愿,我没有骄傲,因为也没什么事值得骄傲的。后来,我不再参加学校组织的各种比赛,因为即便取得了很好的名次,对我来说也没有意义。我开始变得沉默寡言,日渐消沉,喜欢躲在没人注意的角落里……

　　对于我的消沉,妈妈采取了视而不见的态度。我和妈妈的交流越来越少,到最后,甚至发展到无话可说的地步。我的情绪就这样一直消沉下去,常常莫名忧伤起来,心里像坠了一块大石头,一直往下沉,往下沉……

☀ 东子给家长的建议

消沉的孩子难有亮丽的人生

　　先说说何为"消沉"。

　　消沉是指心灰意冷、沮丧颓废的消极情绪。它与躯体疲劳无关,是因为对生活失去信心和希望所致。可概括为没有乐趣、没有

期望、没有斗志、没有精力、没有意义。长此以往，还会达到"心死"的状态。情绪低落是消沉最直接的表现，时常烦躁不安，容易情绪失控。

孩子为什么会消沉？

究其原因有很多，比如家庭变故、学习下降、生理缺陷，等等。

有些孩子也许由于意志薄弱，缺少屡败屡战的勇气，遇到了一点点挫折就灰心失望，怪命运跟自己作对，精神委靡、一蹶不振。还有些孩子在错误的人生观、价值观的影响下，认为人生不过如此，理想前途都是无稽之谈，于是便"看破红尘"，消极混日子。也有的孩子是因为经常受到家长和老师的指责，得不到积极的肯定，从而变得忧伤寡言。来信的这个男孩子就属于最后一种情况。

如果这些消极的情绪得不到有效缓解，长此以往，这些孩子就会对生活和前途失去信心。所以，孩子消沉，这是一个可怕的信号，要引起家长足够的重视。要分析孩子消沉的原因，然后对症下药，使孩子尽快振作起来。

随着年龄的增长，孩子的自我意识越来越强，由此便产生了自我分析能力。但是，孩子年龄毕竟还小，自我分析能力还很弱。有了一点成绩，就沾沾自喜；遇到一点困难，又垂头丧气。沾沾自喜一多，容易形成高傲的性格；垂头丧气一多，又会塑造悲观的性格。

孩子的情绪低落，显得较为苦闷，作为家长要开导他们，要让他们尽量诉说，发泄其情绪，不要让这种不良情绪长期压在心里，更不要不问青红皂白地批评、斥责。开导的时候可以回避孩子最敏感、最忌讳的话题，或者转移孩子的思路，减轻其心理负担。请记住，爸爸妈妈对待孩子的态度，往往是孩子乐观性格形成的重要因素。

安慰和赞许是治疗消沉的良药

信中这个孩子的消沉,完全是家长的不当教育造成的。从信中的两件事我们可以看出,这是一位怎样的母亲。我们可以给她画一幅像:自认为深爱着孩子、处处严格要求孩子。孩子犯了错或做得不好便横加指责,目的是希望孩子能改过、能做得更好;孩子取得了好成绩、进步了,吝惜给予鼓励,宁可装作视而不见,因为怕孩子因此骄傲不思进取……

生活中这样的家长有很多,他们的出发点是好的,可是采取的教育方法是不科学的,所以其结果也只能是事与愿违。

人做错了事,第一需求不是接受指责,而是获得安慰。任何一个正常人,当意识到自己做错了事,都会本能地产生愧疚、自责的心理,这时,安慰远比指责更能起到作用。对于孩子来说,此时除了自责可能还会伴有恐惧心理,他会担心因此受到家长的责打。在这方面,我有切身体会。小时候我做错了事,父母不问青红皂白就是一顿打骂。等我做了父亲后,我就告诫自己,无论孩子做错了什么,都不要打骂斥责,而要问清缘由,继而相应地给予安慰。这种安慰没有使孩子变得越发有恃无恐,相反,她此后从未犯过类似的错误,孩子也越来越阳光向上。

人人都希望能得到别人的肯定,特别是孩子,他们尤其希望得到家长的肯定。

孩子进步了,他在自己高兴的同时,最希望父母能跟他一起分享喜悦。而这时如果家长都像信中的这位母亲一样,因担心孩子由此骄傲自满,而拒绝分享,那该是对孩子多大的打击。试想,如果你在单位取得了成绩,回家想与您的爱人分享,对方轻描淡写地回应

一下,您又会作何感想?

孩子做错了事就责骂,进步了却不肯定,那孩子只能消沉,以至于破罐子破摔……

所以,家长要及时安慰和赞许我们的孩子,要点燃孩子心中的希望之火。

我在前文中曾讲过发生在我与女儿之间的两件小事,一件是女儿依依运动会受挫得到我的宽慰,一件是孩子踢毽子进步我同她一起庆祝。这样的事在我家还有很多,只要家长有心,孩子每天都可以得到必要的安慰和赞许。分享本身就是一种肯定、一种赞许。赞许不一定非用华丽的辞藻,一个眼神、一个微笑、一个手势都是赞许。

消沉的孩子需要宣泄情绪、释放苦闷。孩子可以通过与亲人或朋友聊天,述说自己的积怨,求得他人的理解和帮助。如果心里有事又无法倾诉,可以找一个适宜的场所,放声大哭或大笑,以宣泄自己内心的不平,到没人的地方大吼几声也可以,还可以用写日记或写信的方式释放自己的苦恼。比如这个孩子把自己的苦恼写信诉与东子,这就是一种很好的释放途经。把心中的苦恼和盘倒出,自然就为心打开了一扇门。

不过最终解决问题还要靠家长,因为只有家长才能理解孩子,知道孩子内心的期盼。

家长要给孩子一个乐观的性格

作为家长,我们应该时刻记住:在孩子本来就很紧张的情况下,应让他适当地释放一下压力;在孩子失去信心的时候要给以适当的鼓励;而且,无论何时都要相信孩子的能力。

家长的个性以及对待问题的态度,会在潜移默化中影响孩子。家庭是放松身心的避风港,承担了外界各种压力的家长要注意调整心态,以最积极、最乐观的一面去面对孩子。

消沉带来悲观,自信才会乐观。不管孩子悲观性格的产生是否与家长有关,我们都要帮助其走出"悲观",建立乐观的人生态度。

乐观是一种积极的人生态度。

沙海连天的沙漠中,两个人正在艰难地跋涉,见到剩下的半瓶水,悲观者说:"哎,只剩半瓶水了。"而乐观者则说:"呵,还有半瓶水呢!"最后,悲观者永远留在了沙漠,而乐观者却走出了沙漠。我曾两次率队穿越沙漠,对此有真切的体验。

面对同一种境况,不同的心态,会产生不同的结果:悲观(消沉)者永远只能看到失望,而乐观(自信)者则会看到希望。

人与人之间的差异其实很小,但就是这种很小的差异却往往有可能造成更大的差异!很小的差异指的就是所具备的心态是积极的还是消极的,巨大的差异指的就是事业、学业乃至整个人生的成功与失败。

消沉的孩子长大之后极有可能成为悲观主义者,甚至引发一些精神疾病。相反,乐观的孩子活泼可爱、思维活跃,他们将来更易成为事业上的成功者、幸福家庭的组织者。

要培养孩子乐观的品质,家长首先必须有乐观的思维方式。

家长在处理自身问题和家庭问题时的乐观态度,对孩子具有重要的示范作用,孩子通过观察和模仿逐渐养成乐观品质。当孩子遇到不利事情而悲观时,家长应带领孩子对问题进行多方面的思考和衡量,并让孩子真正明白其中存在的错误。

家长批评孩子的方式正确与否,直接影响着孩子日后的性格

是乐观抑或悲观。家长对孩子进行批评教育时应注意分寸,不要把偶尔几次错误夸大成永久性的过失。首先,我们要做的就是具体指出孩子的错误及犯错误的原因,使孩子明白自己所犯的错误是可以改正的,并清楚该从何处下手。家长应经常给予孩子积极的鼓励与引导,做孩子的大朋友,注意倾听孩子的意见与要求,心平气和地与孩子讲道理、谈问题。

孩子能够拥有乐观的性格、能够快乐地生活,这是一种很难得的"个人技能",而让孩子快乐地生活是家长的义务。否则即便培养出了优秀的博士、博士后,也难使孩子拥有幸福的人生!

给孩子乐观的性格,就等于为他买了一份终生受益的幸福保险。

好家长·要牢记

家长的个性以及对待问题的态度,会在潜移默化中影响孩子。家庭是放松身心的避风港,承担了外界各种压力的家长要注意调整心态,以最积极、最乐观的一面去面对孩子。

学习不好我也有闪光点

❀ 孩子来信

东子老师,您好!

我是一名初中生,过完这个暑假,我就三年级了。真希望人生可以停留,停留在这个假期,不用面对一年后的中考。

我不是个讨厌上学的孩子,相反,我喜欢学校生活,喜欢和老师、同学在一起,可是我讨厌考试,因为我很多科都不及格,因为我是个"差生"。我常常想,如果可以只上学,不考试,那该多幸福!只可惜,这件事比攀登珠穆朗玛峰还难。况且,我的爸爸妈妈,是非常看重成绩的家长。

我的学习成绩一直都不太好,除了数学能考到前10名,其他科目总也考不及格。爸爸妈妈就揪着我的成绩,成天地说"你怎么就不知道上进呢"、"考不上高中,你能干什么"、"你自己就不上火吗,我都替你上火"……这些话,听得我耳朵都快起蹍子了。而表扬的话,他们却几乎从来没说过。

以前我常去妈妈的单位玩儿,那里的阿姨叔叔都很喜欢我,动不动就夸我懂事有礼貌,还经常给我带好吃的、好玩的东西。可是

妈妈说,那是人家客气,她以后还要还人家人情,其实根本不是那么回事。和妈妈同一个办公室的那个阿姨也时常把小孩带过去,那个男孩年龄和我相仿,可特别难相处,和他说话他也爱答不理的,别的叔叔阿姨都不喜欢他,也没见给他带什么礼物。这难道还不能说明我比较招人喜欢吗?可是妈妈却从未表现出喜欢我的样子,每当别人夸我时,她总说:"只可惜,学习太差,以后不可能有什么出息。"听她说出这样的话,我心里相当不是滋味。于是我暗暗发誓,要作出点成绩给她看。

于是,第二个学期,我参加了班干部的竞选。一般的班干部都要学习好,所以我没敢直接报名,而是私下征求了老师的意见。老师了解到我的心思,很支持我,但碍于学习成绩的原因,她建议我申请做文艺委员。班级选干部,采取无记名投票。因为在班里我的人缘一直都很好,所以我的票数较高,和我竞争的两个女生都落选了。这么光荣的事情,我自然要和爸爸妈妈炫耀一下了。可是他们根本不觉得这是什么荣耀的事。

"中考能加分吗?"爸爸听完后说的第一句话就这样打击我,接下来更是一阵唠叨——对我的学习状况进行第 N 次的总结、批评和消极展望。我顿时如泄了气的皮球一般,只能安静地听着……

真不明白,难道学习成绩是他们唯一看重的吗?学习不好怎么了?我觉得我过得挺好的,老师经常夸我办事能力强,同学们也喜欢和我一起玩,这难道不算是优点吗?

☀ 东子给家长的建议

我们共同认识一下"差生"

商务印书馆 2002 年版的《现代汉语词典》对"差生"是这样解释的:学业不良的学生。而且还用"差生"造了一个句子:"帮助一些差生补习功课。"

根据这一解释,我们可以理解为,"差"是指学业不良,"生"是指学生,由此我们可以排除学龄前的孩子和已经走出校门的孩子,简言之就是泛指在校生。那么,究竟什么样的学生算"学业不良"呢? 后面的这个例句似乎告诉我们"需要补习功课的学生"就算学业不良,或者也可以直接理解为"学习不好的学生"。

只因为学习不好,这些孩子就成了姥姥不疼、舅舅不爱的小可怜。老师常以"烧不红,捶不扁"、"油盐不进"、"朽木不可雕也"等恶毒语言来形容这些学生。他们常在父母和老师的训斥中过日子,常遭家长和老师的白眼。

我一直认为,关于"差生"的提法本身就是错误的。"优"与"劣"永远是一个相对的概念。没有天生的差生,只有天生有差异的学生。孩子无知无识来到这个世界,他的一切社会性都是成人世界给予他的。但可悲的是,在实施素质教育的今天,却依然有许多教育研究工作者、老师和家长,把在某一方面存在不足的学生称为"差生",这是极大的错误。尤其那些所谓的教育专家、学者,拿着国家的俸禄,却在干有违学生健康成长的愚昧之事。为此还大兴改造

"差生"之风，从教育局长到校长再到教师，从教育专家到家长，都在处心积虑地研究如何帮助改造这些"差生"。以至于一篇篇分析、研究"差生"产生根源以及如何改造差生的文章便应运而生。

其实，所谓的"差生"就是这些人缔造的。正是他们给这些同样可爱、同样拥有美好未来的孩子贴上了不同的标签——优等生、中等生、差生、特长生……其中最引人注目的就是"差生"这个标签了。

中国有一句俗语："孩子自家的好，媳妇（丈夫）别人家的好。"这句话是什么意思？无非是说每个人都十分看重自己的孩子。可我们现在有些家长是怎么啦？就因为自家的孩子不如别人的孩子成绩优秀，就愤怒、生气以至于口无遮拦。看到孩子成绩不理想，对孩子一阵疾风暴雨，"你真是没用，把我们的脸都丢光了"、"你考这点成绩怎么好意思进这个家门"、"不好好学习，将来就只能去当力工、当清洁工……"

如此疾言厉色，孩子怎么受得了？

家长的漠视是对孩子的精神虐待

所谓的差生，究竟差在哪儿？

其实，他们"差"的仅仅是学习。学习只是孩子成长的一部分，而纵观孩子的一生，品行和能力远比学习重要得多。

这些孩子的品行差吗？当然不！绝大多数的"差生"的品行可以说很好，他们往往比那些学习成绩好的同学更乐于助人、更关心集体、更心胸开阔……

他们的能力又怎样呢？从实际情况来看，有些上学时成绩差的学生，一旦走向社会，他们头脑灵活、坚守职责，能干出一番相当成功的事业。

金无足赤,人无完人。同样,世界上也没有真的一无是处的人。每个人都有其所长,都有闪光点,如果以其长而论,那他就是"优等生"。改变旧有观念,"差生"就不再差了。

据统计,我国大约有 6000 万中小学"差生"在不同程度上承受着来自家庭、学校和社会的多重压力。中国青少年维权和心理咨询服务中心发现,困扰青少年最多的问题是"无法与家长沟通",而家长对孩子实施"冷暴力"的案例近几年更是呈增长趋势。

从心理学的角度看,家庭教育"冷暴力"是一种精神虐待。一般有三种常见形式。首先,家长不愿意答理孩子,漠视孩子的存在。其次,批评过度,甚至全盘否定。还有一种就是威胁恐吓。除了冷暴力,这些被誉为"差生"的孩子在家庭中普遍都受到过歧视,有些孩子还被剥夺了一些权利。

信中的这位母亲,她对孩子的态度就是一种"冷暴力":看不到孩子的长处,揪住孩子的短处不放,而且夸大其短处和不足。想象一下,这对孩子的精神是多大的折磨!

由于家长缺乏科学的教育观,很多学习不好的孩子都承受着巨大的精神压力。这些可怜的孩子一直生活在别人的阴影里,失去了欢声笑语,失去了本该拥有的自由……得到的永远是"冷若冰霜的脸色"和"无尽无休的训斥、挖苦"……

学习不好也有闪光点

我们要知道,每一个生命的诞生,都是在表达他(她)对生活的热情,他(她)带着"天生我材必有用"的信条走进生活,开始人生之旅。因此,所谓的"差生"并不是天生注定的,而是被人为地贴上的

歧视标签。

其实，每个人都有自己独特的天赋和才能，如数学方面的天赋、文学方面的天赋，以及音乐、舞蹈、体育、绘画等诸多方面的天赋，或社交能力和组织能力等方面的天赋。如果每一个人都能把自己的天赋和才能发挥到极致，那就都成了天才。但若是只拿一个特定的、事先设计好的标准或模子去套，那多数人就都是蠢才或庸才。我们的很多家长或老师总把考试成绩当做主要的衡量标准，于是就出现了大批所谓的"差生"。

每个人都有所长、有所短，也许在这方面不擅长，而在另一方面却表现很出众。每个孩子都有他闪光的一面，就说说给我写信的这个孩子吧。如果单拿出一科的成绩看，这个孩子不仅不是差生，可能还是个优等生呢！她的数学成绩很好，而且这个好成绩并不是偶然得来的，这说明她在这方面有些天赋，如果家长和老师能够因材施教、善于激励、及时赞赏，孩子就会对数学产生更浓厚的兴趣，就会在这一学科上有所作为，甚至有可能成为像陈景润、华罗庚一样的数学家。

从来信中，我们还可以感觉到，这个孩子具备很好的社交、组织和协调能力，否则他就不会击败两位竞争者，得到老师和大家的认可成为班干部。一个通过竞选而当上班干部的孩子，即便各科都考零分，她也是有闪光点的，否则她就不可能得到老师和同学的喜爱。

我想，这个孩子身上的闪光点绝不止这两处，只要家长善于发现、及时挖掘，就会看到越来越多的小光源。如果家长换个视角看我们的孩子，那他们定然各个可爱、人人有所长。

如果我们的孩子的确在读书方面没有天赋，而在体育、音乐、绘画等某一方面有所长,我们为什么非要逼迫孩子去死读书呢?条条大路通罗马,成功的路有无数条,我们要走的路应该是最适合自己的,而不是别人最艳羡的。

我们的现行教育有一个很大的误区,就是一味地追寻什么成功教育,以考北大、上哈佛为目标,从而忽略了孩子的承受能力和心理感受。成功固然很重要,但并不是每一个人都会有似锦的、令人羡慕不已的前程,大多数孩子还是会像你我一样成为生活中的普通人。其实,并不是只有成为"精英"才算成功。一个能自食其力,对事业、生活永远保持乐观态度,对家人、对他人充满爱的人,从某种程度上来说也是一种成功。

我们都曾是孩子,我们当中的很多人也都曾是学习不理想的"差生",换位思考一下,当年我们自己是别人眼中的"差生"时,心理感受又是如何? 不也是希望能被理解、被关注、被肯定吗?

理解是转变的开始。

去理解我们的孩子吧,多给予他们一些关爱和赞赏,"差生"也会有灿烂如花的生活。

好家长·要牢记

> 如果每一个人都能把自己的天赋和才能发挥到极致,那就都成了天才。但若是只拿一个特定的、事先设计好的标准或模子去套,那多数人就都是蠢才或庸才。

分数不高可我的口才好

✿ 孩子来信

　　东子叔叔,您好!我今年十三岁了,正在读初中一年级,是个性格开朗的女孩,可就算我性格再开朗,也受不了我的爸爸妈妈。

　　自从上了初中,爸爸妈妈就再没表扬过我。大半年的时间里,一句赞赏的话都听不到,您能理解这种心情吗?是我没有值得被表扬的地方? 还是他们的问题呢?

　　我上小学的时候,学习一直是中上等,还担任班长,班级里大大小小的事情我都要注意,作文里常常表决心,要做老师的得力助手。可是时间走得像流水一样飞快,转眼我就上了初中,课业负担加重了,爱玩爱说的我每次考试也只能排到班里的中间段。

　　爸爸妈妈不乐意了:"你这孩子,整天就知道瞎折腾,一个学生,要以学习为重……"自己成了中等生,一贯高高在上的我,也有跌下来的感觉。即使爸爸妈妈不说,我也会努力学习的。因为成绩不好,我甚至不敢申请做班干部,这是我最难受的地方。看着别的同学和老师的关系那么好,我心里有种说不出的失落感。

　　但是,想要提高自己的成绩,不是件容易的事,就算上课再怎

232

么认真听讲,考试的时候,我的成绩还是差别人一大截。但是,就在努力学习没有换来有效的成果时,我发现了自己的强项。

期中考试过后,学校开始举办艺术节。艺术节有很多的比赛项目,以班级为单位,喜欢表现的我,报了最能体现个人素质的项目——演讲。预赛的时候,入场前,我在礼堂门口遇见了我的语文老师,她鼓励我要努力,而且说我一定能进入决赛。因为小学时曾打下过良好的基础,我成功地进入了决赛,并取得了第 2 名的好成绩。

那天我特别开心,因为裁判长宣布,演讲比赛的前两名会成为学校新年联欢晚会的主持人。我甚至可以想象到自己站在舞台上、面对着全校师生的样子,那一定是我人生中值得纪念的一刻。我把这个好消息告诉了妈妈,希望她能分享我的快乐,顺便给我打打气,增加一些信心。但是妈妈却说:"又在瞎折腾了,再有一个多月就期末考试了,你还不好好复习,看你期中考试的成绩,像什么样子……"听了她的话,我很伤心。但是,这更加坚定了我要做好主持人的决心。我要让妈妈知道,我不是在"瞎折腾"。

新年联欢会后,很多同学都说我主持得好。老师也表扬了我,说我应变能力强,口才也很好,夸得我心里美滋滋的。晚上回到家,我把我的完美表现绘声绘色地讲给爸爸妈妈听。可是爸爸妈妈轻描淡写地说,既然表演完了,就抓紧学习吧!

真是想不通,他们为什么就不能表扬我一下呢？拥有好心情,会使我的学习劲头更足,就算学习成绩不是很理想,可是我也有我的闪光点,他们应该为我骄傲才对呀！班级里的同学都很佩服我的口才和演讲水平,为什么自己的爸爸妈妈却连一句赞赏的话都没有呢……

☀ 东子给家长的建议

鼓励中等生发掘自己的强项

是啊,孩子表现得这么好,为什么就不能表扬一下呢?

孩子的苦衷我理解,而家长的冷漠似乎也应该得到理解。所以,要打板子还要打到"应试教育"上去。

我们想想,如果不是这只要分数的应试教育制度,家长会只盯着分数看吗?孩子取得了某方面的进步又怎么会不高兴呢?每位家长都希望孩子能快快乐乐地成长,孩子快乐了做家长的当然高兴,可是在这样的教育大环境下,他们实在是高兴不起来呀!

当然,家长的忙从无知也是应试教育"横行"的"帮手"。

前些年我在大学讲授过口才课,我开篇的第一句话就是:人才未必有口才,而有口才的一定是人才。这话到今天依然适用。口才是才能,它是一个人综合素质的体现,它涵盖表达能力、沟通能力、协调能力等诸多能力。所以,家有一个口才出众的孩子,该多让人羡慕。

可是信中的这位家长却让"应试教育"蒙住了双眼,不仅不去欣赏、鼓励孩子,反而还打击孩子。孩子今天站在学校的新年联欢会上可以有完美的表现, 谁又能断定若干年后她不会站在央视春晚的舞台上呢?

对于大多数中等生来说, 家长往往都太过于吝惜对孩子的夸奖了。如果家长连孩子的长处都发现不了,又怎么能让他们展示自己的才华呢?

有的家长总觉得自己的孩子不如那些成绩优异的孩子好,他们老是拿别人的长处和自己孩子的短处比,甚至还会"削足适履"。这种强行"修剪"或"嫁接"的教育方法,只会让中等生备受煎熬。

丰丰和大志是同班同学,现在是初中二年级的学生。

丰丰学习优秀,妈妈爸爸决定让他报考市里最好的高中——育才高中。大志语文成绩不错,但由于偏科,其他学科成绩不理想,因此总成绩排名很靠后。大志喜欢看武侠小说,闲暇时候自己也写写随笔,他最大的愿望就是长大后要像金庸那样写武侠小说。

大志的妈妈不理解大志的行为,她认为总分上不去,就考不上好高中,将来也上不了好大学。她常拿丰丰的学习成绩"教育"大志,并把大志关在家中,强迫他学习,业余时间也不让大志出去活动,还把大志写的随笔统统撕掉了。大志妈妈在业余时间让大志上各种补课班,并用物质奖励的方法敦促大志好好学习。可大半年过去了,大志依旧如故,成绩依然是中等,气得妈妈整天跟他嚷嚷:"你算完了,前途一片黑暗。你要是能像丰丰那样好学上进,那该多好啊!"

每个孩子都有各自的特点,就像世界上没有两片相同的树叶那样,世界上也没有两个完全相同的孩子。有的孩子好静,有的孩子好动;有的孩子喜欢文科,有的孩子擅长理科……这些都是孩子各自的特点。可是,那些好动、贪玩、偏科、总分排名上不去的中等生却总是被贴上"没前途"的标签。

教育的一个重要原则就是重视差异性,具体而言,就是别把孩

子的特点当缺点，而是要及时发现孩子的特点，并加以引导，使之成为孩子的特长，再进一步帮助孩子发展其特长，成为其强项，这样孩子才会离成功更近。所以，家长要善于发现孩子的长处，并鼓励他们展示自己的优势，点亮孩子心灵深处那盏自信的明灯。

好口才为孩子赢得好未来

和一些家长聊教子话题时，谈起如何培养孩子的学习兴趣，如何提高孩子的学习成绩，家长们可谓问题多多，经验也不少，但却很少有人问如何培养孩子的口才。大部分家长都认为，教孩子说话并不能算是家庭教育中的一个重要内容。

而在西方很多国家，父母是很重视教孩子说话的。在我们手把手教孩子学写"上、中、下、人、口、手"的时候，他们却在教孩子怎样把话说好。美国大学一年级、二年级的课程里，演讲课必不可少。很多大学都有演讲厅，为同学们提供练发声和手势的场所。由此可见美国对培养演讲能力的重视。

正因为重视程度不同，所以中国人的语言表达能力和很多西方国家的人相比，处于较低水平。为什么会存在这样大的差异呢？

几千年民族文化的积淀，使中国人形成一个传统观念，那就是不说话的人老实、可靠。能说会道、能言善辩的人则被认为是"油滑"、"奸诈"。这些思想对我们的影响很深远，乃至到了 20 世纪七八十年代的时候，人们对"能说会道"还抱有偏见。最典型的表现就是找对象的时候，女孩子都喜欢找那种寡言的男人，越不说话大家对他的印象越好、评价越高；若哪个人能说会道，大家会说："这个人油嘴滑舌的不可靠，不能嫁给他！"我小时候就因为能说而遭受过如此"不公"的评价，乡邻都认为我不是个老实孩子。

另外,我认为造成中国人不重视口才培养的一个最直接的原因,还是教育制度的影响。长期以来,我们实施的考试制度,从来都是只考写不考说。想要成绩好,想要成为所谓的人才,只要答好那一张试卷、拿到一个高分、考上一所理想的大学就可以了。至于会不会说话、能不能把话说好,都不会影响到分数,更不会影响到考学。如此一来,还有谁会去学说话、练口才呢?所以,学校不会安排演讲课,父母不会给孩子练口才的时间。不仅如此,如果孩子说的话多了,我们的家长还会烦呢——"哪来那么多的话?"

古人说:"一人之辩重于九鼎之宝,三尺之舌强于百万之师。"可见好口才的作用大到可以安邦定国。历史上靠口才打天下、战胜对手的人和事有很多,比如诸葛亮舌战群儒、晏子使楚展辩才、蔺相如渑池之会,等等,可谓不胜枚举。

可能有的家长要说了,我没想让孩子将来成为什么谋略家、政治家,也没想让孩子去做什么安邦定国的大事,只想让孩子平平淡淡地生活,做着普普通通的工作。这样的话,有没有口才似乎无关紧要啊!

错了,如果您有这样的想法,说明您对口才还是没有一个全面的认识。

口才的作用大到可以安邦定国,对于普通人来说,拥有好口才可以更好地展示自我、发展自我。不要以为孩子将来不当政治家、不做外交家、不当老师、不做主持人就可以不重视口才。我们现在不是置身于"老死不相往来"的封建社会,人与人之间的交往日渐频繁,地球都变成了一个"村落",语言交流成为现代人类交往的重要途径。生存竞争日趋激烈,要推荐自己、进行工作沟通、人际交流、协调关系、汇报工作、交流经验,更是离不开语言表达。只有说

得正确、清楚、明白，才能有效地与他人交往、交流，相互协作，做好工作。

所以说，不管你从事何种工作，只要置身于这个社会中，哪怕只是简单的日常生活的交往，也需要"能说会道"。总之，具备好口才就会加快我们做事的速度，提高我们的办事的概率，而且关键时刻能够起到关键的作用。可以说，语言表达以及交际能力已经成为现代人必须具备的重要能力之一。

说了这么多，只想告诉家长朋友，在您的眼睛紧盯着孩子的分数的时候，在您只关注孩子学了多少字的时候，请不要忽视对孩子语言表达能力的培养。

好家长·要牢记

口才的作用大到可以安邦定国，对于普通人来说，拥有好口才可以更好地展示自我、发展自我。

我做好事难道错了吗

❀ 孩子来信

　　叔叔您好,我今年十二岁,正在读小学六年级。

　　最近我总是觉得心烦,因为我的想法和妈妈的想法产生了很大的分歧。所以我想知道,是该听妈妈的话,还是该坚持自己的想法。

　　寒假时,我和妈妈去看望姥姥。回来的时候火车上很挤,我看见一位老奶奶在过道里站着,很累的样子。想到老师常常教育我们要尊敬老人, 在车上应该给没有座位的老人让座。于是我就站起来,让老奶奶坐在我的位置上。老奶奶连声道谢,周围的人也发出赞许的声音。我心里非常高兴,原来做一件好事也能使人快乐。

　　可是妈妈似乎不这么想, 她的脸色顿时变得很差:"你要干什么去?"我莫名其妙地看着她,怎么忽然问出这么一句话,我也没有要走的意思呀! 于是我摇摇头道:"不干什么去呀! "

　　"那你站起来做什么? 离下车还有好几个小时呢,你一直站着吗?"见妈妈的脸色不好,我也不敢和她解释什么,刚才愉悦的心情顿时抛到了九霄云外。我明明在做好事,可是妈妈不但没表扬我,还对我摆脸色,真是让人无法理解。

那位老奶奶赶紧站起来："孩子，我不累，还是你来坐吧！"我和老奶奶说，多坐一会儿没关系，我年龄小，站着就行。可是她还是站起来说："我知道你是乖孩子，奶奶想去那边走走。"说完，她蹒跚地走向了另一节车厢。我坐回到原来的位置上，心里很不是滋味，一路上，也再没和妈妈说话。

类似的事情还有很多。青海玉树发生地震以后，学校组织我们全体师生捐款。我想到电视上那些无家可归的人，觉得他们特别可怜，就想多捐些钱，于是我便把零花钱都捐了，一共32块钱，是班里捐钱最多的。老师在全班同学面前表扬了我，说我是个有爱心的孩子。

回家后，我把这件事情告诉了妈妈。当时我心情特别好，做了好事，还受到了老师的表扬，妈妈肯定也会奖励我的。谁知她听完以后，不但没表扬我，还说我傻，竟然把自己的零花钱也给捐出去了，一定是脑子坏了。当时被她那么一说，我还真弄不清自己做得是对还是错……

☀ 东子给家长的建议

孩子的爱心千金难买

自古以来，仁爱之心一直被看做是一个人的基本道德。西方先哲费尔巴哈断言："爱是存在的标准——真理和现实的标准，客观上如此，主观上也是如此。没有爱，也就没有真理。"古今中外,人们都在推崇爱心。作为人性的基础,它体现着一个人的素质,同时也是人际关系的纽带和润滑剂,没有爱心的人很难在社会上立足。

可很多独生子女习惯了以自我为中心，占有欲极强，蛮横霸道,总是理所当然地认为自己生来就该被宠着、惯着,别人事事都要为他们服务,稍不顺心就大发脾气,甚至指责辱骂。他们在外面不关心别人，在家里也不知道心疼父母，特别是在父母生病的时候,可能会因为没有得到像平时一样无微不至的照顾而乱发脾气,这让许多父母非常伤心。他们觉得,鸡大腿该永远留给自己,鱼头鱼尾是父母该"打扫"的。对于父母的喜好他们一无所知,更不用说要他们记住父母的生日或其他事情了。

他们把自己和别人分得很清，从不关心别人的事，没有责任感,思想偏激,心胸狭窄,想问题往往爱钻牛角尖,为了自己的利益可以不择手段。同情心的缺乏使他们漠视别人的不幸和灾难,甚至会快意于别人所受到的苦痛。是什么造就了这样的一群孩子?当然是家长的不当教育方式。信中的这位母亲就是这样一位家长,但难能可贵的是,她的孩子并没有像刚才提到的那些孩子那样,这该是多么可喜的事情!但是如果这位家长不能够及时醒悟,这个可爱的孩子也许将会步其后尘,成为一个自私自利的人。

这虽然和应试教育无关,但是却和社会的大环境相互影响、相互制约。在金钱至上的今天,道德被一些人抛到了脑后。其实,无论科技多么发达,物质多么富有,道德都是做人的根基。

孩子何以如此自私自利没有爱心？归根结底就是家庭教育没有跟上,父母言传身教得不够!

现在的家长最关注的是孩子的智力发展,从孩子一出生,就希

望孩子是一个智商高、天赋高的天才。为了达成这个愿望，可以不惜一切代价培养孩子的认知能力，可是却忽略了对孩子进行情感和道德方面的培养。

道德感包括责任感、正义感、荣誉感等。其中，责任感是最崇高的情感。责任感包括家庭责任感、集体责任感和社会责任感。因此，我们应该有意识地培养孩子的责任感，从一点一滴做起，要教育孩子讲究社会公德、家庭美德，如孝敬老人、尊老爱幼、保护环境、爱护公物等。

由此，我们该大大地表扬这个有爱心的好孩子，大力弘扬这种爱心精神。当然，东子叔叔也要告诉这个可爱的孩子，做好事也要讲究一个度。比如让座，如果是市内的公交车或地铁，是短时乘坐的，那随时可以让给需要帮助的人。但是如果是长途旅行，可以换着坐或挤一挤让他人搭个边儿坐，这样既帮助了他人，又照顾到了自己的身体。无论如何，你的善举都是值得赞赏的。

自私使家长失去了爱心

女儿依依在很小的时候曾经碰到过这么一件事。

当时我家楼下是社区的健身区，各种健身器材每天都吸引着许多的人。依依是"健身"积极分子，每天都要到她能够够得着的健身器材旁玩耍，而她最钟情的就是秋千。为了安全起见，女儿坐在秋千上玩耍时，我就当她的保镖。忽起忽落的秋千、围着秋千唧唧喳喳快乐无比的孩童，总能勾起我对于童年的美好回忆。

但这美好的时刻常会被一种不和谐的情景所干扰。

一个小女孩长时间地坐在秋千上荡来荡去，秋千旁排起了长长的队伍。许多孩子早已等得不耐烦了，嚷嚷着："让我玩会儿吧！

让我玩会儿吧!"但秋千上的小女孩跟没听见一样,站在秋千边的小女孩的母亲也毫无谦让之意,仍然执著地帮小女孩推拉着秋千,为的是让秋千荡得再高一些,让她的孩子玩得更快乐一些。

类似的事情几乎每天都会发生,版本不同,主题却是一样的。

每当女儿享受秋千带给她的快乐时,我总示意她休息一下,把秋千让给等在旁边的小朋友。为此,依依很不高兴。我对她说:这是公共设施,要大家玩。女儿反问我:那为什么总有那么多的小朋友坐在上边不肯让给别人玩呢?他们不让,为什么偏偏要求我让呢?

我哑口无言,苦心在孩子心中建立起的为人标准,就这样被一些"不争气"的现实给毁掉了……

虽然这已经是十多年前的事了,但每每想起,总感觉有些苦涩。

谦让守礼自古以来就是中华民族的美德。当您无视别的孩子眼巴巴地等在秋千旁边、自顾自地让自己的孩子长时间地坐在秋千上时,您已然把这种美德丢到了爪哇国。本是出于爱孩子的慈母之心,可得到的结果却往往令人大失所望,因为自私的母亲必然教育出自私的孩子,今天孩子可以为了多玩一会儿而不把秋千让给别人,明天孩子就可以为了自己的利益而不管不顾别人、甚至是父母的利益。

是自私使家长失去了博爱之心,而在孩子心中埋下自私的种子,将来就会自食恶果,培养出自私、冷漠的孩子,害了孩子,也害了自己,同时也害了我们这个民族、这个国家。

心中有爱的孩子走得远

在有些家长看来,"从小不吃亏"才能更好地保护自己,爱心似

乎是一个早就过时了的字眼儿。在生存竞争中，在各种各样的人际关系中，利益原则似乎早已代替了道德原则。

"因为慈悲，所以懂得"。其实对于现代社会的人来说，拥有一颗平和而善良的心，并以此善待社会、善待他人并不是一件多么复杂和困难的事。给迷途者指条路，向落难者伸出手，用会心的笑祝贺友人的成功，用真诚的话鼓励失落的朋友……这些看似轻而易举的行为，其实并不仅仅只是一种朴素的善良，这是用善良浸润后的灵魂折射出来的人格的光辉，是一种经过善良的滋养成长起来的大爱之心。

我继承了父母的善良和慈爱，这些美好的品德也从我身上传到了女儿依依的身上。孩子自小就善良，遇到流浪猫、流浪狗就要收养。出于卫生及安全等方面的考虑，我们家从来不养宠物，所以她的收养要求也就没有被采纳。后来我建议给这些流浪"儿"在小区的楼下建个家，如此一来，依依就可以经常去给它们送水、送饭了。有时，她还把特别脏的猫狗抱上楼，为它们洗个澡、理理"发"，梳洗打扮一番后，再放回去。

有一天傍晚，下楼买咸菜的依依在楼下摁响了门铃，我问她怎么不上来，她吞吞吐吐地说，她捡到一只流浪小猫想带回家。她知道我不允许家里养猫狗之类的宠物，所以她要征求我的意见。我让她先上来，回到家再说这件事。可她说她怀里正抱着那只小猫。于是，我告诉她：流浪猫狗有很多，我们收养不过来，你可以把它放楼下，上来拿些食物送给小猫。可依依说，这么晚了怕她在外面过夜会被冻死，或被别的大猫欺负死。孩子说到这儿，竟哭了起来："爸爸，让它在我们家住一宿吧！"我也只好先妥协："那你先带小猫上来吧！"

一会儿,依依一手拿着咸菜一手抱着那只脏兮兮的流浪猫推开了家门,依依妈妈见状赶紧把依依和小猫带到了卫生间,开始为小猫洗澡。洗完澡的小猫虽然干净了,但是却冻得瑟瑟发抖,于是全家齐动员为小猫取暖:她妈妈用吹头发的热风机吹,我用手捂,依依心急得竟然点燃蜡烛让小猫"烤火",险些把小猫给烧了。经过大家的共同努力,小猫精神了许多,我们又从冰箱里给它找了些吃的喝的。水足饭饱之后,我和依依商量还是把小猫放回楼下,依依同意了。于是,我们一起带着纸板、废弃的小毯子以及放米饭、菜汤的盘子,在家门口的那棵大树下给这个流浪猫安了个家。这样,孩子才放心地跟我上楼睡觉。

我对孩子的爱心教育,让女儿懂得对生命的尊重是为大爱。在此后的生活中,依依时常热心助人,每每遇到需要帮助的人,她一定要尽其所能地给予对方帮助,有时即便超出自己的能力范围她也要施以援手,这时我就告诉她,帮助人也要量力而行。

依依就是这样一个充满爱心的善良孩子,我坚信:心中有爱的孩子一定会走得远。

好家长·要牢记

> 我们应该有意识地培养孩子的责任感,从一点一滴做起,要教育孩子讲究社会公德、家庭美德,如孝敬老人、尊老爱幼、保护环境、爱护公物等。

您的指责对我打击很大

🌼 孩子来信

东子叔叔，您好！

我是一名正在上小学五年级的学生，别看我的年纪小，可我却担负着很大的压力。

我不知道别的小孩每天都在干些什么，但总觉得自己没得到应有的快乐。

我妈妈是小学老师，爸爸是医生，他们对我的要求实在是太高了，甚至可以用苛刻来形容。如果一个孩子，学习成绩在班里一直名列前茅，家长应该很满足，对不对？可是我的爸爸妈妈不会，他们觉得我应该考满分。

上学期期末的时候，我的数学考了98分，错了一道题，妈妈让我把这道题抄写了一百遍。在她眼中，我应该有电脑一样的功能，错误率应该是零。

就说这次的寒假作业吧！我们的寒假作业是一本练习册，每科都有。妈妈规定我一天写几页，写完了她检查。前两天，我正在看动画片，妈妈一嗓子就把我吼到了她的卧室。"寒假作业让写的作文你写完检查了吗？"妈妈板着脸问我。

"检查啦!"我如实回答。

"那怎么会出现两个错别字?"妈妈很生气地指着她用铅笔画的圈圈。我不吭声,因为我知道,接下来肯定是一顿严厉的指责。

叔叔,您一定以为我在夸张吧!可这是真事儿。我妈妈就是这么夸张,好像完美主义者一样,容不了一点瑕疵。每次我犯了一点点小错误,她就指着我的鼻子,说我不用心、不努力。

平时上学的时候,我每天都要事先预习功课,遇到自己看不懂的地方,去问爸爸,爸爸总是不耐烦地说:"这么简单你都不会。"我最讨厌他们这样说话。在学校里,每个老师都说我聪明,同学也羡慕我成绩好,可是我的爸爸妈妈却不这么认为。

前几天,我的数学作业做错了一道,妈妈发现后很生气,让我重新做。结果我又一次做错了。这下妈妈发火了:"如果是因为马虎做错了,还可以原谅,这么简单的题,你竟然不会,你是不是我生的……"下面的话,我就不重复了,总之就是一顿指责,直到我哭了方才停止。

妈妈以为我是因为自责才哭的,可是我的心里却充满了委屈。我不过是一个小学生而已,用得着这样严格地要求我吗?因为他们很厉害,我也要像他们一样吗?可是我只是个普通的孩子,为什么对我要求那么高,为什么要处处指责我……

☀ 东子给家长的建议

家长的过高期望是一种病态心理

一直以来总忘不了这样一个场面:在每年的中、高考考场外,

一群家长在烈日下等待着。每位家长的脸上都写满了紧张、焦虑的神情。看起来，家长比参加考试的孩子要紧张得多。孩子们的脸上倒是没有紧张的神色，可是我依旧觉得他们可怜。我在担心他们瘦弱的身躯背负不了父母的期望。

作为父母，没有人不对自己的孩子抱有美好的期望。怀胎十月，我们期望生下来的宝宝健康、漂亮；孩子呱呱坠地，果然健康、漂亮，我们又开始期望孩子聪明、伶俐；孩子上学后，我们又希望孩子有天赋，能有好成绩。此后我们的期望就更多了，要孩子进重点中学，将来考名牌大学，最好再考上硕士、博士、出国留学，有一个锦绣前程……总之，孩子一步步成长，我们的期望一路追随。

如今大多数家庭都只有一个孩子，父母除了把浓浓的爱集中在一个孩子身上之外，更是把满腔的期望投注在孩子身上，因此，孩子需要背负的期望就更多了。

随着生存竞争的日益加剧，每个人都或多或少地产生了危机感。父母在为自己的生计奔波的同时，更希望孩子拥有过硬的本领，以便在未来的竞争中立于不败之地。尤其对于那些因为各种原因而失去追求更高学历的机会、如今在社会竞争中明显处于劣势的家长来说，为了弥补自身的缺憾，他们更是一股脑地把全部希望都寄托在孩子身上。他们希望孩子将来出人头地、有所作为，不用像他们一样，整天为下岗担忧，为没有好的发展前景遗憾。

所以说，现如今的家长"望子成龙"的心态比任何一个时代都强烈，因此也比任何一个时代都重视对孩子的教育和培养。对孩子有期望是正常的，更是自然的，是对孩子的爱的体现。可是，当期望超过了孩子的承受能力，对于孩子来说，这就不再是爱，而是压力，甚至是一种伤害。最终可能会导致孩子沉入期望的"深海"，使快乐在窒息中死亡，灵性在重负下隐遁……

最近几年，为逃避学习的压力、逃避父母的压力而离家出走的孩子多了，患上"学校恐惧症"、"学习恐惧症"的孩子多了，甚至自杀的孩子也开始多了起来。

正是因为家长如此高的要求，孩子们小小年纪竟然有"活得很累"的感慨。很多中小学生已经不知道什么叫快乐，也无从寻找快乐。他们仅有的活动场就是学校和家，而学校有老师加压，回家有父母加压，重重期望如大山一样，死死地压在他们身上。想摆脱，犹如上天入地一样艰难。而现实是，他们没有选择的权利，他们唯有顺从！

可是顺从是痛苦的，付出的代价也是惨重的——他们失去了少年时代的欢乐，更品味不到学习的乐趣……

也有孩子进行了抗争，但他们的抗争大多是消极的，比如逆反、逃学，甚至离家出走、自残、自杀……

有些家长打着为孩子好、为孩子的将来负责的旗号，将种种期望投注到孩子身上，让孩子陷入看不到希望的痛苦深渊中，一路挣扎一路成长着……

不知道当孩子们长大成人后，再回顾这段充满"血泪"的求学生涯，会发出怎样的哀鸣？

家庭是人生旅途的第一站。孩子对社会文化的了解、其价值观和道德准则的建立均始于家庭。孩子的第一所学校是家庭，第一任老师是母亲。母亲应掌握科学的教子知识，提高自身的素质，从家庭环境、家庭气氛、家庭风尚等方面，给予孩子"润物细无声"的熏陶，陶冶其高尚的情操，塑造其优良的个性。

作为家长，不应该把考高分、上好大学视作衡量孩子优秀与否

的唯一标准,对孩子的评价不要只看孩子的成绩单,更不要把孩子当做自己的克隆人——自己今生不能实现的理想, 要让孩子去实现;自己今生成功的地方,孩子一定也要成功;过分地渴望自己的孩子成功, 过分地要求自己的孩子出类拔萃, 对孩子的期望特别高、特别多,让孩子整天背着沉重的压力生活、学习——这样的人生,换做是您,您能接受吗?

信中的这位母亲真是让我无言以对。按理说,孩子考了全班第一是该令人高兴的事情,甚至就算为孩子感到自豪也无可厚非,而仅因为两分之差没有得满分就去指责孩子, 这于情于理都说不过去。这般苛刻的指责,已超出了一个人的正常心态,看来这位家长有必要去看看心理医生了。如果家长不改变自己错误的做法,将给孩子带来终身的心灵伤害。

批评也要讲究艺术

我们再退一步说,即便孩子真的做错了什么,家长给予批评时也要注意说话的方式,要讲究一个艺术性,也就是要考虑到孩子的接受和承受能力——既达到一定的教育目的,又不给孩子带来伤害。

正在生长发育阶段中的中小学生,其心理往往处于一种动荡、多变的状态,对事物的看法不全面、不成熟,却又不轻易接受父母的教导,所以很多父母常常很难了解孩子的想法。这就要求我们必须利用各种机会多和孩子沟通,多了解孩子的思想动态,尽力去理解他们的内心所想。

想一想我们平时如何批评孩子的?“你这字写得太难看了!”这是最直接的批评,如果这样说呢:“写得不错,不过我想你如果细心些会写得更好!”其实还是在说他写得不太好,但这样说,听起来是在夸他,而且还给了孩子动力:妈妈说我可以写得更好。于是孩子会更加用心地去写,努力把字写得"更好"。

懂得批评的艺术,把批评融入到真诚、欣赏、肯定的语言当中,让孩子从中感受到支持、信任和鼓励,他们会心悦诚服地接受批评,并产生极大地改正错误的动力,从而会做得更好。这就是赏识教育原则下的批评。

家长的教育态度和教育方法,对孩子的自尊心有特别大的影响。一次表扬可能会成就孩子的一生,一次批评可能会淹没一个人才。中国有句俗话,叫做"良言一句三冬暖,恶语伤人六月寒"。尊重能给人以温暖、给人以鼓舞、给人以心理上的平衡,使人感到友善,产生信赖。尊重是一种富有鼓舞作用的教育方式,尊重孩子的人格是增进父母与子女感情的基础。

有很多家长认为,孩子什么也不懂,怎么讲道理也是白搭,不如干脆命令。其实不然,孩子的心思既敏感又脆弱,极易受到伤害。不要看孩子小,其实他们很清楚"内外"之别。与小伙伴们的冲突他们一般是不会放在心上的,但是对父母的言行举止他们却很在意。假若家长不尊重孩子,动辄恶语指责却不说明道理,或者明知自己无理,孩子有理,也绝不向孩子低头道歉,反而执意要孩子按自己的想法去做,重压之下的孩子口服心不服。

比如信中这个孩子,她仅仅因为作文中出现了两个错别字就被妈妈狠狠地批评了一顿。我们不要因为孩子一犯了点错就厉声指责,指责谩骂解决不了问题,最重要的还是分析原因,与孩子沟通协调,而且要特别注意批评的方式方法。

孩子的作业出错有两种可能:一种是客观上的,孩子确实不会;另一种是主观上的,马虎了、不认真了。作为家长必须要清楚一

点，作文中出现了两个错别字，不管是主观原因还是客观原因，这都不是什么大错。小错人人都会犯，甚至天天都会犯，我们的社会正是在不断的犯错中发展进步的，不管是人脑还是电脑，出错都是很正常的。只要我们能及时矫正错误，修补不足，一切问题都会迎刃而解。

还以这两个错别字为例，家长首先要弄明白的是，孩子的错是主观上的还是客观上的。如果是主观上的，那说明孩子学习不认真，学习态度有问题；如果是客观上的，说明孩子对所学知识掌握得还不够扎实。假如是我发现了女儿的作文中有两个错别字，我会这样和孩子交流："写得不错，只是出现了两个错别字，以后需要注意。查查字典，看看他们各自的解释，争取下次不要犯这样的错误。"我相信这样说孩子是会欣然接受的，当然也就不会产生抵触情绪了。

这就是"重压之下的口服心不服"和"顺应孩子的心悦诚服"之间的区别，也是批评的艺术性所在，当然也反映了每位家长教育方法的差别。该做怎样的家长，还望您多思量。

好家长·要牢记

> 对孩子有期望是正常的，更是自然的，是对孩子的爱的体现。可是，当期望超过了孩子的承受能力，对于孩子来说，这就不再是爱，而是压力，甚至是一种伤害。

您的赞赏会使我更快乐

❀ 孩子来信

老师您好！我是一个性格有点内向的女孩,现在正在读初二。平时很少出去玩儿的我,喜欢写写画画,可是就连这点爱好,也不能得到爸爸妈妈的支持。

因为性格内向,我并没有什么朋友,于是一到放假的时候,总是觉得很无聊,后来我找了一些青春小说来读,读着读着,就有了想要自己写的冲动。从那时起,我的生活开始变得充实了,文字成了我的好朋友。这样的日子,大概持续了几个月,我感觉自己在这方面还挺有天赋的,于是便想把"作品"拿出来和爸爸妈妈分享一下。

那天晚上,我很忐忑,花了将近一个小时的时间,在我已经完成的"作品"中精心挑选了自己最满意的两篇,一篇是散文,一篇是小说,我把它们誊抄到一个新的笔记本上,拿给爸爸妈妈看。

那时妈妈正在厨房做饭,于是我就先请爸爸看。爸爸接过去,略看了一下,问道:"这是你们老师留的作文吗？"

"不是,是我自己写的。"我满脸堆笑地看着他,"爸爸,您觉得

我写得怎么样?"

"学校应该不会出这种题目的作文吧?"爸爸把我的文章往茶几上一放:"你要练习,也应该练习记叙文或是议论文呀!"

这时候,在厨房忙完家务的妈妈进来了。她随便在围裙上擦了擦手,然后拿起了我的本子。只粗略地看了几眼,妈妈便问道:"这都是什么呀?"

"我写的小文章,您觉得怎么样,我想寄到报社去。"妈妈用莫名其妙的眼光看着我,爸爸则"嘿嘿"地笑了两声:"看到没,咱们家要出作家了!"语气中带着嘲讽。妈妈似乎反应了过来:"投稿?你连中国字还没认全,就想学人家写文章了?要有这本事,怎么作文没见你答满分。"

"我这不是练习呢嘛!谁刚生下来就能写出好文章!"我显得很生气。

"你知不知道你是干什么的?做学生,就应该尽到学生的本分,学好书本上的知识……"妈妈忽然想起了什么,把我的"作品"扔到桌上就往厨房跑。

"我没有耽误学习,这都是我业余时间写的。"我转脸看着爸爸。

"业余时间?你有那时间,好好把课本温习一下,整这些干什么?你科科都拿满分了吗?"爸爸拿起那个粘了些水的本子:"再说,这写的是什么乱七八糟的东西。赶紧好好学习吧!别整这些没用的。"

我拿着本子回到了卧室里,心里说不出的难受。自始至终,他们都没有仔细地看一下我的文章,他们关心的,只是这对我的学习有没有帮助。

过了一会儿,妈妈来了。她说,以后不许我再写那些没用的东西。

怎么能是没用的东西? 我喜欢写文章,每次完成一个"作品",我的心里总是充满了成就感,他们凭什么说那是"没用的东西"! 他们为什么就不能肯定我一次? 为什么就不能给我点赞赏……

☀ 东子给家长的建议

家长的赞扬是孩子自信之始

家长对孩子的态度很重要, 父母的肯定和赞许会让孩子感到信心十足。试想一下,如果连父母都不认为自己的孩子行,那么他又到哪里去找信心呢?

孩子从小受到的尊重和信任是他建立自信心的基础。一个得不到别人尊重和信任的孩子,是不会有足够的自信的。所以,家长应当时时注意自己的言行,看是否有伤害孩子自尊心的地方。

称赞与人类灵魂的关系,就像阳光和地球生物的关系;没有阳光,生物不能成活;没有称赞,孩子就无法展示最优秀的一面。然而, 现实生活中我们的很多家长都只知一味地训斥孩子, 这也不行,那也不行,却很少把赞许给予孩子。实验证明,当批评减少而鼓励与夸奖增多时,一些不好的行为会因忽视而减少。所以,家长应当明白孩子的自信之花会在批评下枯萎, 会在鼓励和赞扬声中绽放。如果您想做好家长,那么您就应当记住:赞美孩子最细小的进

步，赞扬他每一次进步。

成功是自信的力量之源，自信心的建立需要有成功的体验做基础，孩子的成功机会越多，他就会越自信。以孩子的学习为例，学习成绩越好，他对学习就越有信心，学习兴趣就越高涨。反之，如果孩子的生活中充满了失败的记录，他就会怀疑自己的能力，做事时就会丧失对自己的信心。比如他的某门功课不好，一考试就"亮红灯"，他就有可能对这门功课望而却步，他就有可能在心里否定自己，认为自己无论怎么努力也学不好。

因此，为了使孩子自信起来，家长要多让孩子尝到成功的滋味，要多给孩子创造些体验成功的机会。其实每个孩子都有自己的优势和长处，家长要努力寻找孩子身上的这些闪光点，并使其得到充分的发挥，以此来增加孩子的自信。比如信中的这个爱写作的孩子，暂且不说孩子写得如何，孩子能有这一爱好，就足可以让我们赞扬，因为这是一个积极上进的爱好，无论对学习还是对生活都很有意义。

写作与学习是相辅相成的。首先，写作本身就是一种学习；其次，写作可以提高语文成绩；最后，写作还可以促进其他学科的学习。写作是一项复杂的活动，它需要多学科知识的支撑，所以说作家是一个知识面极广的杂家。

之所以说写作也是一种学习，是因为它需要体验、需要观察，更需要思考。无论是写人还是写事，都要先期了解，然后经过提炼，最后形成文字。

即便不从提高综合能力的角度考虑，仅从提高考试分数来考虑，也应该鼓励孩子。如今作文的分数在语文试卷总分数中占的比例越来越大，150 分的题，仅作文就占了 60 分。高考中，作文成绩更是占据举足轻重的位置。所以,家长该对孩子的这一举动大加赞赏。

即便家长的赞赏不能成就一位作家,如果能让孩子更加喜欢学习、热爱生活,这不也是一件幸福的事情吗?

人都有获得肯定与赞美的需要,如果一个人能感到自己是被别人赏识的,尤其这种赏识还是来自最尊敬的父母或老师,那他就会产生愉悦感,他的行动就会更加积极,做起事情来就会充满自信。

家长的赞赏是孩子快乐之源

我们知道,人是喜欢被别人赏识的动物,尤其是孩子,更需要家长精心地呵护。现在许多家长对孩子在生活上的照料可以说是无微不至,但对孩子心理上的照料几乎是一片空白,伤孩子自尊心的话经常脱口而出,根本就不考虑孩子会有什么样的感受,根本就不考虑对孩子会产生什么样的负面影响。

无论是谁,能得到赏识和肯定,总是会快乐、开心的。从马斯洛著名的需要层次论中可以看出,人在生存需要、安全需要、社交需要得到满足后,才会产生心理需要。也就是说,当孩子的物质生活被满足后,他会有更进一步的要求,即希望得到别人的赞许、尊重。我们经常听到有人说:"给我个面子。"其实,这句大白话最直接的意思就是希望被重视、被看得起、被赞赏、被关注……

大人尚且如此,更何况是心灵更脆弱的孩子呢?不知道大家有没有注意到:当我们夸一个女孩子长得漂亮时,她会露出羞涩开心的微笑。当孩子兴高采烈地告诉你,他又考了前几名时,如果你表现得比他还兴奋,那么你将会看到孩子的快乐指数直线飙升!

一个人最开心的事情,不是获得了多大的成功,而是在他开心的时候,有人回应自己,那么他的开心就有了更长久的延续。

当孩子兴致勃勃地把自认为高兴的事情告诉给我们的时候,我们千万不要流露出麻木,或者不以为然的神情,那样会残酷地剥夺孩子的快乐体验。要做出与孩子同乐的样子,分享孩子的快乐。

来信的这个孩子满心欢喜地将自己的心爱之作呈给爸爸妈妈,希望得到来自父母的支持、肯定和赞赏。这时候,即便家长不支持、不欣赏,至少也要表现出关注的态度。过后可以与孩子平和地沟通,委婉地谈出自己的想法,而不是一棒子打死。

赏识是对孩子发自内心的一种欣赏。既要欣赏孩子的优点,也要接纳孩子的缺点;既要欣赏孩子的进步,也要包容孩子的失败。无论孩子处于怎样的状态,都要用赞赏的目光注视他。赞赏是孩子成长过程中的阳光,家长的赞赏是孩子的快乐之源。所以,千万别吝惜给予孩子这样的阳光,在这温暖的阳光的照射下,孩子会更快乐、更幸福……

家长的赏识是孩子成功之本

赞扬给孩子自信,赞赏给孩子快乐,那么指责、打击又会给孩子带来什么呢?

说说东子的切身体验吧!

在我读小学四年级的时候,一次音乐课上,老师教大家学了一首新歌,并要求每个人都要当众唱一遍这首歌。我虽然喜欢歌可很少唱歌,所以有些紧张,结果刚唱了两句,就被老师打断了。

"停停停!别唱了!"我赶紧收声,紧张地看着老师。"你这是唱歌吗?简直就是驴叫,太难听了!以后别再唱了,你不是那块料!"

我从此就真的再也不敢唱歌了,生怕别人笑话自己唱歌像"驴叫",这一噤声就是三十多年。每次和朋友聚会,大家都要唱卡拉OK,我却一声不敢哼,人家邀请我唱,我总是推托:"哎……我五音不全,不会唱歌,唱歌难听,还是你们唱吧!"

其实,我真的是声音难听吗?这么多年,无论是作报告还是给学生上课,抑或到电台做节目,听众都一致反映:"您的声音很有磁性。"偶尔来了兴致,朗诵一首毛泽东诗词,大家在报以掌声的同时,都说:"东子老师,您的嗓音真好。"如此说来,我先天音质还不错,具备唱好歌的生理基础,可是这么多年就是不敢唱歌,始终认定自己不是那块料。当年老师粗暴的"结论"扼杀了我对唱歌的信心,也剥夺了我享受歌唱的快乐。

小学音乐老师的一句挖苦,打击了我脆弱的心灵,以致我在以后的若干年中都再没有勇气开口唱歌。而后来能走上写作道路,却正是因为受到了大家的鼓励和肯定。只读六年书就辍学的我,万万没想到自己居然可以靠写作"混"饭吃。当初部队送我去报社参加新闻报道员培训班学习时,我根本没有信心,是领导的肯定和鼓励使我鼓起勇气,没成想竟由此踏上了写作之路。我现在的八百多万字作品和三十多本著作,证明了老师、父母、领导等师长的鼓励带来的力量是多么巨大。

人是需要鼓励的,成人如此,正在成长中的孩子更是如此。指责、打击可以毁了一个人的一生;赞美、鼓励可以成就一个人的一生。这就是赏识的力量,一句简简单单的表扬激发了一个人的上进心,以致改变一个人的一生。

每个人都有优点,哪怕学习成绩再差、纪律性再差的孩子,也都有可贵的长处,要用寻宝一样的眼光去发现孩子身上的可贵之

处。要把眼睛想象成显微镜,无限放大孩子的优点、长处。孩子取得的每一次进步,哪怕是极其微小的进步,孩子付出的每一次努力,哪怕是极其微小的努力,你都要看在眼里,然后毫不吝惜地表扬他、鼓励他。

孩子喜欢表扬和鼓励,我们就要给他这些。为人父母要善于去发现孩子身上的闪光点,并加以赞扬和鼓励;要让孩子拥有充足的自信心,成就自己的人生;要告诉孩子,你是最棒的!

鼓励是前进的动力,赏识是孩子的成功之本,它将引导孩子走向美好的明天。

好家长·要牢记

如果您想做好家长,那么您就应当记住:赞美孩子最细小的进步,赞扬他每一次进步。

后 记

2010年"世界精神卫生日"的主题是:沟通理解关爱,心理和谐健康。

"需要理解,渴望关爱"是人的本能需求。没有沟通,就难以理解和关爱;没有理解和关爱,也就没有和谐与健康。成人如此,孩子也不例外。可现实生活中,孩子的这一需求却很容易被忽视。

现在的很多家长对孩子的要求越来越高,期望越来越大,而孩子离这个标准又总有距离,于是家长们就总盯着孩子的不足,整天唠叨埋怨孩子:不认真读书、学习不好、太懒惰、没有上进心……似乎孩子身上都是缺点。家长们只是批评孩子,对于赞美却给的越来越少。

人是需要得到肯定的。每个人都渴望得到赏识、尊重、理解和爱,大人如此,孩子更是这样。赏识可以使孩子舒展心灵,让孩子天天快乐。赏识教育是一种尊重生命的教育,是爱的教育,是以人为本的教育。赞赏可以激发孩子内心的潜力,可以给孩子无限力量,而总得不到表扬与肯定的孩子,可能会自卑、消沉、恐惧、无助……为此,我结合自己多年的教育研究心得及教子体会,甄选最近两年中小学生的来信,整理撰写了这部讲述赏识教育的新作——《求求你,表扬我》。

《求求你,表扬我》摆在您面前了,如果此书能够对您教子有所帮助,那将是东子莫大的欣慰。同时欢迎您批评、指正,同为家长的东子愿与您商榷。

借此,要向为本书付出辛劳的我的学生——长春大学人文学院柳丹同学,我的好友——吉林大学副教授丁继红博士,及本书的责任编辑表达真诚谢意。

东子

2011 年阳春于东园

图书在版编目（CIP）数据

爸爸去哪儿，孩子就会去哪儿：好爸爸教育出好孩子/东子著．—北京：北京联合出版公司，2013.11

ISBN 978-7-5502-2402-5

Ⅰ．①爸… Ⅱ．①东… Ⅲ．①家庭教育 Ⅳ．①G78

中国版本图书馆CIP数据核字(2013)第288124号

爸爸去哪儿，孩子就会去哪儿

出版统筹：新华先锋

责任编辑：昝亚会　徐秀琴

特约编辑：林　澍

封面设计：孙丽莉

版式设计：祝志霞

北京联合出版公司出版

（北京市西城区德外大街83号楼9层　100088）

北京上元柏昌印刷有限公司印刷　新华书店经销

字数184千字　787毫米×1092毫米　1/16　17印张

2014年3月第1版　2014年3月第1次印刷

ISBN 978-7-5502-2402-5

定价：29.80元

中小学生必读丛书

中小学生必读丛书

认准黑皮　好好学习

城南旧事	缘缘堂	桥	雷锋日记
朝花夕拾	铁道游击队	死水	卓别林自传
呼兰河传	曾国藩家书	孟子	名人传
繁星·春水	红日	庄子	地心游记
骆驼祥子·二马	唐诗三百首	毋忘草	穿条纹衣服的男孩
童年	中国人	星夜	汤姆·索亚历险记
假如给我三天光明	人间四月天	空山灵雨	哈姆雷特
边城及其他	人性的弱点	假如生活欺骗了你	列那狐
钢铁是怎样炼成的	史记·菁华	中学生必背古诗词	茶花女
老人与海	野草	群星闪耀	羊脂球
简·爱	小王子	生活的艺术	福尔摩斯探案集
呐喊	甘地自传	爱因斯坦自述	培根随笔
鲁滨孙漂流记	康桥之恋	自由人生	青鸟
居里夫人自传	希腊神话	少年中国说	王子与贫儿
昆虫记	稻草人	马克·吐温自传	安妮日记
伊索寓言	贝多芬传	华盛顿传	格林童话
海底两万里	物种起源	小二黑结婚	绿野仙踪
爱的教育	中国寓言故事	泰戈尔自传	柳林风声
新月集	聊斋志异选	西厢记	小海蒂
雅舍小品	中国成语故事	达尔文传	秘密花园
拿破仑传	老子	人类的故事	红楼梦
寄小读者	80天环游地球	草叶集	西游记
苏东坡传	资治通鉴·菁华	音乐的故事	水浒传
林肯传	宽容	警察与赞美诗	三国演义
背影	安徒生童话	园丁集	欧也妮·葛朗台
论语	雨巷	尼采传	……
格列佛游记	故都的秋	美德书	
瓦尔登湖	森林报	文明的故事	
雷雨	富兰克林自传	沙与沫	
茶馆·龙须沟	人间词话	文学的故事	
小桔灯	圣经的智慧	自助	